陆宗达　著

说文解字通论

中华书局

图书在版编目(CIP)数据

说文解字通论/陆宗达著.—2版.—北京:中华书局,2023.8
ISBN 978-7-101-16302-5

Ⅰ.说… Ⅱ.陆… Ⅲ.《说文》-研究 Ⅳ.H161

中国国家版本馆 CIP 数据核字(2023)第 141868 号

书　　名	说文解字通论	
著　　者	陆宗达	
责任编辑	朱兆虎　　王鹏鹏	
责任印制	管　斌	
出版发行	中华书局	
	(北京市丰台区太平桥西里 38 号　100073)	
	http://www.zhbc.com.cn	
	E-mail:zhbc@zhbc.com.cn	
印　　刷	北京新华印刷有限公司	
版　　次	2015 年 6 月第 1 版　2023 年 8 月第 2 版	
	2023 年 8 月第 5 次印刷	
规　　格	开本/920×1250 毫米　1/32	
	印张 8¼　插页 8　字数 160 千字	
印　　数	17001-22000 册	
国际书号	ISBN 978-7-101-16302-5	
定　　价	48.00 元	

摄于二十世纪三十年代任教北京大学时

陆先生在家中讲课

与赵元方（中）、黄焯（右）合影

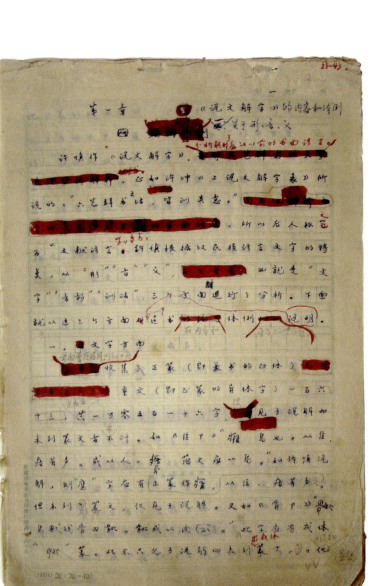

《说文解字通论》手稿

出版说明

　　东汉许慎撰写的《说文解字》结合篆籀古文字体,分析字形,说解字义,辨识声读,第一次系统地对中国文字作了诠释,是我国语言学史上的不朽名著。

　　陆宗达先生(一九〇五~一九八八),字颖明,北京师范大学教授,师从黄季刚先生,是我国著名的训诂学家。陆先生从一九五六年开始在北京师范大学讲授"说文解字通论",本书为其讲义的整理稿,深入浅出地介绍了《说文》的内容、体例,以及如何借助《说文》解释古书、了解古代社会。本书所贯穿的训诂方法,为我们进一步研究古代文献和继承我国文化遗产,提供了宝贵的可资借鉴的启示。

　　本书一九八一年曾由北京出版社出版,此次再版,我们对引文作了覆核,对讹字作了校订,并请北京师范大学王宁先生对全书进行审校,原书凡征引《说文》某字,均依陆先生授课情形及征引习惯,详明卷次和所属部首,使便按检。

　　陆先生《我的学、教与研究工作生涯》《基础与专攻》《我与〈说文〉》等文章,自述生平及研治《说文》的体会,对阅读本书具有很大助益,今并附录于后,以供参考。

本书出版得到陆先生哲孙陆昕先生的大力支持,谨致谢忱。

中华书局编辑部

二〇一五年五月

目　录

序

　　《说文解字》的研究，到清代达到极盛阶段。段（玉裁）、桂（馥）、王（筠）、朱（骏声）以至钱坫、钱大昕等人，前后相承，都有独创，蔚然各成大家。但时代与阶级的局限，决定了自乾嘉以至清末，还没有人从理论上对《说文解字》的价值、功用以及许慎所用的方法加以系统而科学的阐述，直到章炳麟（太炎）、黄侃（季刚）两先生才开始做到这一点。他们把《说文解字》的研究彻底地从经学附庸的地位上独立出来，由《说文解字》而扩展到语言的研究，并进而系统地探讨了古今语言的变迁。这就为研究《说文解字》开辟了新的更为广阔的天地。

　　陆宗达先生早年追随季刚先生，升堂入室，得其真谛。《说文解字通论》一书，就集中体现了先生祖述章、黄学说的部分重要成果。

　　我以为这本书有以下几个特点：

　　一、既本师承而又不囿于成见。章、黄学说是继承了乾嘉之学而发展起来的。先生治《说文解字》，一方面系统地说明和运用了章、黄的方法，另一方面又注意避免了自乾嘉以来相沿不改的毛病。例如对许慎的态度，先生是有肯定，有批评的；其批评也并不象某些人那样简单生硬，而是言必有据,确中其弊;不仅全面地指出其局限性,而且仔细分析了许慎所列字形、说解的谬误。再如对甲骨文和金文,先生既非一概排斥,也并不据以否定《说文解字》,而是用以与《说文解字》相互印证发明。又如训释字义、推溯语源、寻求文字孳乳的关系,先生既灵活地运用"以声求义"的原则,又不把声音的线索当成唯一的万能的法宝,而必定要寻得文献语言与文字形体的根据。这样,自然就发扬光大了章、黄所提倡的"师古而不为所役,趋新而不畔其规"的精神和严谨宏通的治学方法。因此先生所述多有独得之精义,较之章、黄有所突破;即使是演绎成说,先生也都力图在原有基础上加以发展或给以更为科学的解释。

二、既深入又通俗。历来研究《说文解字》的著作都很深奥,章、黄的著作也难免于此。时代不同了,读者不一样了,亟需有人把这门科学深入浅出地介绍给大家。这是个很重要的课题。特别是当传统语言学遭过多年摧残濒临绝境,终于有了复兴的希望的时候,更需要专业工作者多做些这方面的工作。要做到这一点也是很不容易的:只有"深入",才能"浅出";内容的"深入"又妨碍着形式的"浅出"。先生在这本书中为此是下了很大的力气的。例如各节所举的例证,虽然大多是先生潜心研究的成果,有些还涉及到许多专门知识,但阐述时都尽力做到通俗浅显。因此,这本书既有助于语言学工作者对《说文解字》的深入探讨,又便于后学者了解许学,窥探章、黄的门径。可以说,先生在深入浅出方面为我们做出了榜样。这是很可宝贵的精神。

三、材料既很详尽，而论述又很简要。书中每涉及一个理论问题，都力求证据翔实；每一例证，也都经过了反复推敲，考以声韵，征之文献，联系今言，旁综方语；而理论上的阐述则言简意赅。因此可以说，这本《通论》的价值，最重要的还并不是对一些理论问题的说明或对某些语言现象的解释，而在于这些问题的提出以及分析问题时所用的方法。事实上，书中提出的许多问题，限于篇幅和体例，尚未充分展开，确实还有待我们去进一步阐述发挥，并在实践中运用。有志于这门科学的人，一定会从本书中得到这方面的重要启示。

最后要说的是，先生虽已年逾古稀，但仍在殷勤传学刻苦著书，除这本书外，还有《训诂简论》之作。这两本书限于通俗化的要求而言犹未尽，因此先生又在积极撰写《中国训诂学》和《说文解字形音义通释》。我们期待着它们能早日问世。

先生书稿完成后，命我写一篇序。以我的材力学识，是难以承担这个重任的。但师命难违，于是"不揆梼昧"，写了上面一些话，妄附于编末，同时就教于大方之家。

受业许嘉璐谨叙
一九七八年十一月

引　言

一

《说文解字》(以下简称《说文》),这部我国语言学史上的不朽名著,系东汉许慎撰。许慎字叔重,汝南召陵(今河南郾城)人。他编写《说文》始自和帝永元十二年(公元一〇〇年),到安帝建光元年(公元一二一年)他于病中遣其子许冲进上,前后共二十多年,是作者花费了半生心血才写成的。

许慎所以作《说文》,是与两汉的政治思想和学术风尚分不开的。

秦始皇统一中国后,曾焚灭经书,涤除旧典,又严禁私人藏书,规定了“挟书之律”。到了西汉初年,惠帝废除“挟书之律”。文景以后,渐开献书之路,并有意识地搜求旧典、发掘古籍。武帝更提出“罢黜百家,独尊儒术”,使儒家“六经”进一步为汉王朝的封建统治服务,朝中设立“博士”官职,令知识分子整理六艺,皓首穷经。

汉代搜求六经旧籍,有两个来源:一是凭记忆、靠背诵,口耳相传下来的,汉人则把它用当时通行的隶书记录下来,作为传本。如《尚书》是由秦博士伏生口授、晁错记录的;《春秋公羊传》是经过五世口传，汉代才著之于竹帛的。一是从地下或墙壁里挖掘出来的古本，是用先秦六国文字记录的。据汉代记载，这类古本的发现只有五处：

1. 鲁恭王从孔子宅壁中发掘出的《尚书》、《春秋》、《礼记》、《孝经》、《论语》。

2. 北平侯张苍献出的《左氏传》。

3. 河间献王所得的古文先秦旧书，有《周官》、《尚书》(《汉书·王莽传》引《尚书·嘉禾篇》语，《律历志》引《毕命》语，皆不见于孔壁古文《尚书》，必出于河间献王所得古文《尚书》)、《礼》、《礼记》、《孟子》、《老子》。

4. 鲁三老所献的《古孝经》。

5. 鲁淹中出土的《礼古经》。

汉代把前一种用隶书写的传本叫"今文经典"，后一种用六国文字写的传本叫"古文经典"。

这两种传本，本来只有纪录文字的不同，但研究的人却形成了两个学术上的派别。这两派在观点上、方法上、所依据的材料上，以至对六经的看法上，都有很大分歧，因而各立师法，标榜门户。由此，两汉三百多年，六经有"古文本"和"今文本"，又有"古文师说"和"今文师说"。西汉二百年间，一直是今文占统治地位，古文经典虽有传本，但或为秘府所藏，或为民间私本，未设"博士"，不列学官。到西汉末年，刘歆才向哀帝建议将《左氏春秋》、《毛诗》、《逸诗》、古文《尚书》列入学官。这件事遭到今文家博士的反对，于是刘歆写了有名的《移书让太常博士》一文,痛斥他们"抱残守缺"。这引起了两派的激烈斗争,一直延续到东汉末年,郑玄注《三礼》杂糅了今古文两派学说,这场斗争才算暂告结束。

在这场斗争中,许慎是站在古文学派一边的。他处于东汉中叶以后,当时正是古文学家压倒今文学家,成为古文经学的全盛时期。他是古文大师贾逵的学生,又曾校书于"东观"(东汉皇家图书馆),得见秘籍。他除写成《说文》外,还撰有《五经异义》以捍卫古文经学,因而赢得了"五经无双许叔重"的赞语,是当时人们所公认的古文学派大师。

古文经学家为了压倒今文经学而取得优势,首先提出应该重视语言文字学,在经学上树立它的崇高地位。在许慎之后,古文经学家卢植在给皇帝的上疏中说道:

> 古文科斗近于为实,而厌抑流俗,降在"小学"。中兴以来,通儒达士班固、贾逵、郑兴父子,并敦悦之。今《毛诗》、《左氏》、《周礼》各有传记,其与《春秋》共相表里,宜置博士,为立学官。(见《后汉书·卢植传》)

这意思是说:古文学家研究语言文字,目的是"为实",也就是为了治理六经,发挥《毛诗》、《左传》、《周礼》等的经义。对语言文字的这种研究与仅仅为教学童识字的"小学"是不同的;而当世"流俗"把这门学科压低为识字的"小学",是非常不合理的,应该把它提高到与《毛诗》等相同的地位。卢植的建议实际上反映了整个古文学派的观点。

作为古文经学大师的许慎,他作《说文》,主要目的自然也并不在于分析文字训诂本身。这在许冲《上〈说文解字〉表》里说得十分清楚：

> 臣父故太尉南阁祭酒慎本从逵受古学。盖圣人不空作，皆有依据。今五经之道昭炳光明，而文字者，其本所由生。自《周礼》、《汉律》皆当学六书，贯通其意。恐巧说邪辞使学者疑，慎博问通人，考之于逵，作《说文解字》，六艺群书之诂皆训其意，而天地、鬼神、山川、草木、鸟兽、昆虫、杂物、奇怪、王制、礼仪、世间人事，莫不毕载。

从古文经学派的观点出发来发扬"五经之道"，为当时的政治服务，这才是许慎的真正根本目的所在。许慎在《说文解字·叙》里强调"文字者，经义之本，王政之始"，也正是这个意思。因此，许慎的阶级立场、世界观和政治思想也就必然要反映到《说文》中来①。

我们应该看到，古文经学家虽然有为当时封建统治阶级服务的一面，同时也有发展语言文字科学的一面。他们为了准确地解释六艺群书，对汉民族的文字、声音、训诂作了相当科学的研究，作出了巨大的贡献。当时西汉末年的刘歆是古文经学的开创人物，他首先提出"六书"是汉字造字的根本法

---

① 但这并不是说《说文》中所反映的全是古文学派的观点。就在许慎成书前不久，今文经学家的势力还相当强大。章帝建初四年（公元七十九年）还召开了今文学派的白虎观会议，"讲议五经同异"，"作白虎奏议"。生逢其时，许慎也不能不受到影响，例如引用谶纬之说、阴阳五行之说等，即其表现。

则;他的朋友扬雄写的《𬨎轩使者绝代语释别国方言》(简称《方言》),是汉语方言学创始的专著;其它古文学家注释典籍也为后代训诂之学作出很好的开端;而许慎的《说文解字》,则吸取前辈的研究成果,成为一部研究汉民族语言文字的系统的专著。古文经学家的这些成就,对于后人研究语言文字学、文献学、整理文化遗产,都是不可缺少的阶梯。

二

《说文》是我国语言学史上第一部分析字形、说解字义、辨识声读的字典。

在《说文》之前,我国字书有童蒙识字的课本。例如秦国前期的《史籀篇》,秦始皇时代的《苍颉》、《爰历》、《博学》①;西汉时代司马相如的《凡将篇》②、史游的《急就篇》③;西汉末

---

① 《汉书·艺文志》:"《苍颉》一篇。上七章,秦丞相李斯作;《爰历》六章,车府令赵高作;《博学》七章,太史令胡毋敬作。"又:"汉兴,闾里书师合《仓颉》《爰历》《博学》三篇,断六十字以为一章,凡五十五章,并为《仓颉篇》。"

② 《汉书·艺文志》:"武帝时,司马相如作《凡将篇》,无复字。"《凡将篇》已亡,从旁书引用中,知此书以六字或七字为句。

③ 《汉书·艺文志》:"元帝时,黄门令史游作《急就篇》,皆《仓颉》中正字也。"这部书是用章草写的。历代摹写《急就篇》的,汉有张芝、崔瑗;魏有钟繇;吴有皇象;晋有卫夫人、王羲之、索靖。宋代仅存钟本、皇象本、索靖本。今皇象本见《吉石庵丛书》中,索靖本见《岱南阁丛书》中。

年扬雄顺续《苍颉》的《训纂篇》①；东汉和帝时贾鲂又补充的《滂熹篇》②。这些字书的体例，都是杂取若干个字，编成四言、六言或七言的谐韵的文句。其目的，仅仅是为了使儿童读起来顺口，容易记诵，至于对字形、字音、字义则并不加以解析。另外，《尔雅》在形式上也可以说是一部按字义分类的字典，但实际上只是五经训诂的汇编，它是以训诂存文字，并不是专门阐述文字的著作。《方言》虽是汉语方言学创始之作，但其体例同于《尔雅》，也没有超出分类札记的范围。

《说文》则与上述各书不同。它创立了汉民族风格的语言学。汉民族语言学的一个主要学科是"文献语言学"，它研究的对象是周秦的书面语言，研究的内容是文字、声音、训诂，所以又称为"文字声音训诂之学"③。《说文》就是文献语言学的奠基之作。

在文字方面，这部书里搜集了"文"九千三百五十三，"重文"一千一百六十三，共一万零五百一十六字，并且把这些字按照字形分成五百四十部，"分别部居"、"据形系联"，成为有

---

① 《说文解字·叙》："孝宣皇帝时，召通《仓颉》读者，张敞从受之，凉州刺史杜业、沛人爰礼、讲学大夫秦近亦能言之。孝平皇帝时，征礼等百余人，令说文字未央廷中，以礼为小学元士。黄门侍郎扬雄采以作《训纂篇》。"《汉书·艺文志》："扬雄取其有用者以作《训纂篇》，顺续《仓颉》，又易《仓颉》中重复之字，凡八十九章。"

② 汉以后谓《仓颉篇》五十五章为上卷，扬雄《训纂篇》为中卷，贾鲂《滂熹篇》为下卷，称为"三仓"。

③ 此说始见于晁公武《郡斋读书志》。

系统的偏旁编字法。

在训诂方面，作者曾"博问通人，考之于逵"，引用了刘歆、郑兴、杜林、卫宏、班固、徐巡等著名训诂学者的说法，并在总结汉代训诂学家成就的基础上，依据经典明文，仔细揣摩语义，从生动的语言实际中，概括归纳，确定了每个字的解释，形成了有体系的字义说解。

在声音方面，这部书首先从字形的分析上建立了一套形声系统；其次，在字义的解释上贯彻"声义相依"的原则，来说明语义的由来。另外，又用"读若"方法去注音，在注音中还有意识地阐明了文字的分化和用字的通借。

正是由于《说文》的内容如此丰富，所以有人认为它是"前代未有之书，许君之所独创……与《史籀篇》、《仓颉篇》、《凡将篇》乱杂无章之体例，不可以道里计"（见《说文解字·叙》段玉裁注）。

《说文》成书不久，就为当世注释家所重视。郑玄注《周礼》、《仪礼》，曾援引其书以解词义。应劭著《风俗通义》、晋灼注《汉书》也都称引其书。许书对于后世语言学的影响更为巨大。我国传统语言学门类甚多，卷帙浩繁，但大体不出《说文》所涉及的文字、音韵、训诂的范围，而对《说文》本身的研究则形成了一个专门的学科。至于《说文》的"分别部居，不相杂厕"的编制方法，尤对后代字书有极大影响。在西晋，吕忱依据《说文》的偏旁部次编写了《字林》；在陈，顾野王也用《说文》的体例作《玉篇》。就是近代编制的用部首检字的字典，虽然部首的建类有所变更，编次有所改易，但用偏旁立部汇集汉字的办法,仍然是遵循许慎所创立的体例。

从世界语言学史来看,与《说文》成书时代相近的,在希腊,语言科学已经开端。亚力士多德和他的同时代人已经发现了词类、主语和述语的关系以及性、数、格、身、时、口气等语法范畴。公元前二世纪,出现了特拉克斯(Dionysus Thrax)的语法。到二世纪,又有第斯勾鲁斯(Apollonius Dyscolus)的语法。在印度,研究吠陀的工作起源很早。到公元前三百年左右,出现了波腻尼的语法。这部书被人们称为"曾为古今任何一种语言写的最详尽的语法"。当时语音学("声明")也高度发达了。但是在词典方面却只有语根的单子①,尚未形成后代的词典。因此,从全世界的范围考察,《说文》也是出现最早的、系统合于科学精神的、具有独创的民族风格的字典。

三

由于《说文》在中国语言学史和世界语言学史上占有重要的地位,因而深入地研究它,是研究语言学史、特别是研究

---

① 语根是一个词里表达词汇的主要意义的部分。以它为核心,前后加上些词头接尾部和词尾,人们可以创造出许多词来。比如汉语的"爷"是个词根,表示老年的男性尊亲,加上"们"、"子"、"阿"成为"爷们"、"老爷子"、"阿爷",就成了许多词。若以此为喻,则印度人当时只把"爷"编进清单里去,对"阿爷"、"爷们"等等一概不收。《说文》里收"老",这是词根,另外还收"考"、"孝"、"寿"等等派生词,只是这些东西不是多音节的罢了。

汉民族语言学史的重要内容,应该引起足够的重视。

《说文》的用途还远不止于此。它在字形、字音、字义方面的说解,是研究汉语和汉字发展史的重要资料;在它的这些说解中包含着许多宝贵的经验,是我们今天的文字学、训诂学应该予以继承和发展的;它完整而系统地保存了小篆和部分籀文的形体,是我们借以辨识更古的文字——甲文金文绝不可少的阶梯;至于《说文》至今还是我们整理注释现存古籍时必备的工具书,则更为人们所熟知。正是因为《说文》具有这样大的学术价值和应用价值,所以一直受到中外学者的高度重视。不仅在我国有不少语言工作者专门研究《说文》,在国外,例如日本等国家,从事这科的学者也不乏其人,甚至成立"《说文》学会"一类的组织以促进研究工作,交流研究成果。

关于《说文》的用途和价值,这里只想着重指出这样一点:在文物考古工作中,不仅研究甲骨卜辞、钟鼎款识需要借助《说文》,就是认读整理秦汉以来的简册帛书,也离不开它;《说文》中还保存着大量资料,在我们研究和总结我国古代社会历史状况、科学技术成就方面,它也有着不可忽视的功用。随着考古发掘工作和科学发展史研究工作的迅速发展,《说文》应该发挥越来越大的作用。

例如一九七三年马王堆出土的帛书竹简,不少地方就可以运用《说文》加以诠释。即如《医经方》中之《十一脉灸经》第二种(甲本)有云:

　　　肩以脱，臑以折。是肩脉主治。

　　案此叙肩脉所主治之症状，而肩脉起于耳后，达于手背，是臑在上体。《医经方》多处言臑：臂泰阴温脉云"循筋上兼，以奏臑内"，齿脉云"入肘中，乘臑"，臂少阴脉云"出臑内阴"，等等。此诸臑字均以臂言。

　　但对于臑字世多歧解。段玉裁以为羊豕之臂，新《辞海》（修订本）据胡培翚《仪礼正义》亦直解作"牲畜的前肢"。实际这是一种误解。臑谓牲之前肢典籍古训皆有明文，但这并不是臑之本义，《医经方》也并非自牲移以言人。《说文》四卷《肉部》的解释很清楚："臑，臂羊矢也。"盖臂之羊矢穴为臑，引申之臂亦谓之臑。（羊矢盖肩下触之有羊矢状筋络处。徐锴谓"盖骨形象羊矢，固名之也"，恐不确。）用以解《医经方》直接而准确。段玉裁注："各本皆作'臂羊矢也'，《乡射礼·音义》引《字林》：'臂羊豕也'，《礼记·音义》引《说文》：'臂羊犬也'，皆不可通。"他把《说文》改为："臑，臂。羊豕曰臑。"理由是："许书严人物之辨，人曰臂，羊豕曰臑，此其辨也。"段注好凭其主观妄改许书，此即一例。清代沈彤以为当作"羊豕臂"，亦误。章炳麟《小学答问》据《甲乙经》及《素问·三部九候论》注说："股内廉近阴处曰羊矢，为汉晋人常语，迻以言臂内廉，则曰臂羊矢矣。诸家纷纷改字，由平日疏于医经耳。"案章说《说文》字不误是对的，但谓由股移臂则未当。依《说文》，恰是《素问》注由臂移以言股。今针灸经穴手阳明大肠经有臂臑穴，手太阳小肠经有臑俞，均以臑名，正是

"臂羊矢"之遗踪；而今经外奇穴之羊矢，才是《素问》所指处。至于《少仪》之"肩，臂，臑"，《淮南子》高诱注之"前臂之美也"，始可解为"羊豕曰臑"、"牲畜的前肢"，但已是臑的引申义了。

上面所引《医经方》之两"以"字，说者谓为"似"字，甚确。这可以用《说文》来说明。八卷《人部》："𠤎，象也。"秦篆作"𠤎"，字的左右两半互易了。这种变易位置的现象在古代书写上是很常见的。随后隶变秦篆为"以"，这种笔势的演变也是很自然的。后人用字，即用"以"代替了"𠃝"（《汉书》仍作"𠃝"），又造"似"字代替了"𠤎"字。《十一脉灸经》所用正是"似"之本字，并不是什么"假借""代替"。今一般词书均未收"以"字此义，似应补入。

《医经方》这个例子不仅说明在考订诠释出土文献方面，《说文》有很大的用处，而且可以在如何运用《说文》的问题上对我们有所启发：有时我们可以直接用《说文》的说解做出确当的解释（如"臑"），有时则需灵活运用《说文》中保存的资料（如"以"）；即使直接使用时，也需正确理解许慎原意，对后世众说有所分辨。因为简册帛书与许慎时代相近，所以在整理辨识这些文献时，《说文》的运用也就更为重要。

许冲《上〈说文解字〉表》上说："天地、鬼神、山川、草木、鸟兽、昆虫、杂物、奇怪、王制、礼仪、世间人事，莫不毕载"，实非过实之词。今天我们翻阅《说文》，就会发现里面蕴藏着大量有关古代社会和自然界以及天文历法、矿产冶炼、植物医药、农业手工业等多方面的资料,这部书真称得上是一部汉代的百科全书。把这些资料挖掘整理出来,对于我们今天有关方面的研究工作无疑会很有帮助。

关于社会历史状况的,例如:

> 七卷《宀部》:宰　罪人在屋下执事者。从宀,从辛。辛,罪也。

清顾炎武认为许慎的这一说解"几于穿凿而远于理情"(见《日知录》卷二十一"说文"条)。实际上许慎的说解正是真实地反映出古代社会的实际情况,而顾炎武则是受了《周礼》的"天官冢宰"和历代所谓"宰相"等的迷惑,未能深察许慎的提法。

"宰"应是奴隶制社会产生的词。当时的奴隶,有从事手工业生产的,有从事农业生产的,还有从事于奴隶主家内劳动的。《礼记·曲礼》:"问大夫之富,曰:'有宰? 食力?'"即问"管家事的奴隶有多少? 从事农业生产的奴隶有多少?"《韩非子·说难》先说"伊尹为宰",接着说伊尹"役身以进,如此其污也"。用"役"与"污"说明"宰"的职权和地位。《三体石经》古文春秋"宰"字作"𡧻",从丵,从宀,从肉。丵者,僕之省形。从宀者,屋下执事之义。从肉者,宰本膳宰,《鲁连子》说:"伊尹负鼎佩刀以干汤",是伊尹本为汤之庖人。又《诗经·十月之交》是人民讽刺周幽王任用贪官污吏掌握国家政权、迫害人民的诗,诗中云:"家伯维宰,仲允膳夫,聚子内史,蹶维趣马","宰"与作饭的(膳夫)、赶车的(趣马)、管家里杂务的(内史)并列,也就是屋内奴隶。因为宰贴近奴隶主,有可能得到奴隶主的宠信,于是渐渐具有并扩大了职权,成为官僚,执掌国政,这样始有"天官冢宰"之称。其实《周官》所载天官冢宰的所属官员,多为宫掖中执行杂务的人,如"膳夫"、"庖人"、"内饔"、"外饔"、"阍人"、"寺人"、"内竖",都是奴隶,是其遗迹犹存。

有关社会制度的词语,《说文》中保留了很多,诸如"后"、"侯"、"帝"、"臣"、"社"、"宗"等等,这些字的形体与说解都或多或少地透露了古代社会状况的消息。联系其他史料深入地研究这些线索,不为这些词的后代用法所囿,必将有助于历史科学的发展。

在《说文》中,有关古代科学技术方面的资料也是很多的,今只举一例。长期以来,猛禽类如何攫食小动物,一直是中外生物学界未能打开的谜。而弄清楚这个问题对于研究动物习性、判别益鸟害鸟、保护农作物发展生产都是有意义的。直至"文化大革命"前,我国科学工作者才从实际观察中找到了答案,并摄制了科教影片。原来猫头鹰吃老鼠一类小动物是整吞的,吃完后皮毛一齐吐出。这一发现被有些同志视为揭开了生物界的一个奥秘。但是这个问题实际上许慎早已给解决了。

　　　　九卷《丸部》:烓(wěi,音委)　　鸷鸟食已,吐其皮毛如丸。从丸,呙声。读若骫①。

————————

① 　四卷《骨部》骫下说:"骨耑骫奊也",是读若骫为拟音中兼有释义。

这个解说多么具体,多么形象!段玉裁谓"玉裁昔宰巫山县,亲见鸥鸟所吐皮毛如丸"。他以自己实地观察的结果证实许说的正确,这点是可贵的。但他还只是见到鸥鸟所吐的如丸的皮毛;现代科学工作者虽用现代化的工具观察到了全过程,但对象也还限于鸥鸟,都不及许慎说解内容的丰富和全面。这充分反映了我国古代劳动人民和科学家对自然界观察研究得多么细微而准确。

这类的例证是举不胜举的。总之,我们不应把《说文》只当作研究语言文字的参考资料,更不能把它只看成说解字义的字典,偶然去翻检一下,而应该看作一个历史知识的宝库,引起充分重视和深入研究,以利于批判地继承古代文化遗产,发展新的科学文化。在这方面,我们花的力气不是太多了,而是还很不够,需要进一步努力。

四

现代汉语是古代汉语的继承和发展,单就词汇而言,古代汉语的某些语词必然要作为"痕迹"留在现代汉语中。研究汉语词汇的来龙去脉以通古今之变,对于现代的人们准确、鲜明、生动地运用现代汉语是很有益处的。而在这方面,《说文》也有其不可忽视的作用。

现举"周纳"一词为例。

鲁迅先生在《华盖集·可惨与可笑》一文中,曾对陈西滢之流诬陷刘和珍等烈士的卑鄙行径进行了尖锐的揭露和批判,说他们的这种诬陷是"'刀笔吏'式的深文周纳"。周纳,如果从表面上理解为"周密"、"不放松"、"使陷入"(新《辞海》修订本),还是很不够的。

周纳一词出于《汉书·路温舒传》:"上奏畏却,则锻练而周内之。盖奏当之成,虽咎繇听之,犹以为死有余辜。"《汉书注》引晋灼的解释是"精熟周悉,致之法中也",则纯属望文生训。后世辞书解作"周密"云云,可能都是沿袭晋灼之误。

"锻"与"练"(炼)为并列关系,则"周"与"内"的关系亦应与之相应。今考"周"当为"绸"之借字。十三卷《糸部》:"绸,绸缪也。"绸缪即用精细的枲或丝去织组,后来遂以如此织成的物品叫绸,字又作"祝"。如《诗经·干旄》:"素丝祝之,良马六之。"《毛传》:"祝,织也。""祝""祷"同源(《礼记·乐记》:"封帝尧之后于祝",郑注:"祝或为铸。"《吕览·慎大》正作"铸"),"祷"之后出字有"騊",《说文》或体作"禂",知"祝"、"绸"音本相同,则《干旄》之"祝"就是"绸"的借字。"祝"既训织,则"绸"亦可训织无疑。

"绸"字训织系由束缚义变来。《广雅·释诂》:"绸,缠也。"《九歌·湘君》:"薜荔拍兮蕙绸。"王逸注:"绸,束缚也。"《尔雅·释天》:"素锦绸杠。"郭璞注:"以白地锦韬旗之竿。"绸之由训束引申训织,犹"纺"之训织为训束之引申。今纺字只有织义,而《国语·晋语》:"范献子执董叔而纺于庭之槐",此纺即束义,亦即今之绑字。此亦绸训织的旁证。

周内的内字又作纳。《广雅》:"紩,纳也。"内、纳是"紩"的声借,并非"使陷入"的意思。十三卷《糸部》:"紩,缝也。"

七卷《黹部》："黹，箴缕所紩衣。从㡀，从丵省。"紩、黹本一字之变易。黹本象刺绣之文。《周礼·司服》有"希冕"，郑玄注引《古文尚书》作"希绣"，又曰："希读为黹，或作'绤'，字之误也。"（此依段玉裁校改）希当为黹之古文，希字上从爻，象刺绣之花文。古代缝与绣义本相通，可知"紩"或"纳"也是绣。

由此可见，"周"与"内"（或纳）就是织绣的意思。周内就是《吴都赋》所谓"绸缪缛绣"，也就是织文绣花。《路温舒传》所谓"锻练而周内之"，周内与锻练相对成文，全句谓酷吏们把上报的判决书（"奏当"）的文辞，象用冶金方法那样千锤百炼得无比坚实不可动摇，又象用织绣方法那样细针密线地弥缝得无隙可寻，即使古代断狱专家咎繇见到这篇判决书，也会认为被判刑的人是死有余辜的。

其实这种比况，早在《诗经》里就已经出现了。《小雅·巷伯》："萋兮斐兮，成是贝锦。"毛传："萋斐，文章相错也。贝锦，锦文也。"郑笺："喻谗人集作己过以成于罪，犹女工之集采色以成锦文。"是"成是贝锦"即所谓"周纳"。

后来用织绣比况狱辞的又有"罗织"一词。《旧唐书·来俊臣传》："招集亡赖，令其告事，其为罗织，千里响应。"来俊臣是唐朝有名的酷吏，此处之"罗织"亦即"周纳"。

我们这样了解了"周纳"的含义，也就能进一步体会到鲁迅先生用"'刀笔吏'式的深文周纳"这句话来揭露陈西滢之流，该是多么深刻：既撕破了这批御用文人的伪装公正的面孔，揭露了他们是如何挖空心思地进行构陷以欺骗天下耳目的罪恶行径，又表达了自己对反动派肆意残杀革命青年还要蒙上一块漂亮的面纱的深切痛恨。

不仅今天的书面语中的许多词汇可以借助《说文》弄清它的语源，加强对它的理解，就是口语中的一些语词也有同样的情形。例如今天方言中有"挡横"一词，何以言"横"？若以横竖之义解之，就失之肤浅了。至于鲁迅先生诗"横眉冷对千夫指"的"横"则更不能理解为"横竖"之横。六卷《木部》："横，阑木也。"此为横之本义。段注："阑，门遮也。引申为凡遮之称。凡以木阑之皆谓之横也。"韦应物诗："野渡无人舟自横"，正是形容船身处于阻碍水流方向的样子。"挡横"的"横"也是拦遮之义。由凡遮之称又引申为不顺，"横行不法"即用此义。"横眉"则是内心的不顺从在眉上的表现。因为眉眼最能表达人的内心，所以鲁迅先生以"横眉"与"冷对"连文以表达对反动派坚决斗争的意志。后人不解横之本义及其引申脉络，于是"横眉厉目"误作"横眉立目"，甚至又造"横眉竖目"，虽因沿袭既久，这些词语在语言中已逐渐取得了合法的地位，有些词书也收为词例词条，但终究有失横之原意，而且也不如"横眉厉目"更为生动传神。

对至今仍然活在口语或书面语中的古代词语，探其原委，明其颠末，既知其然又知其所以然，不仅关系到语言的运用，也将促进我们对古人生动活泼而具有生命力的语言的学习与吸收。在这方面，应该让《说文》充分发挥它的作用。

五

上面谈到过,许慎作为古文学派大师有其明显的阶级局限性。从编纂《说文》的目的到"始一终亥"的编排体系,乃至对文字的说解(特别是对一些阶级色彩较浓的字词的说解),无不反映出这些局限。

许慎有其时代的局限性。《说文》的语言资料取自周秦文献,所收文字不过是晚周、秦皇以来迄于汉世字体的综汇,许慎未及见到更多的钟鼎铭文和后来出土的甲骨文字。见闻所限,遗漏谬误之处自不能免。又由于科学水平的限制,对有关自然现象的文字,说解难免不够精确或出现舛错。而这一点又是与其阶级局限不可分的,表现在说解中也往往在一个问题上同时兼有。这些都是需要我们加以仔细分辨剔除的。

我们不应迷信古人。封建时代有不少人为《说文》所囿,奉为不二之准绳。这种文字学家即使在当时,也是没有出息的。我们也不应苛求古人。"判断历史的功绩,不是根据历史活动家没有提供现代所要求的东西,而是根据他们比他们的前辈提供了新的东西。"(列宁:《评经济浪漫主义》)生于一千八百多年前的许慎,已经作出了超越他的前辈和同时代人的卓越贡献,应该在历史上占据他所应有的地位。批判《说文》中的封建性糟粕,指出其不足,同时充分肯定它的历史功绩,继承其宝贵的见解和方法,是我们的责任。

按照马克思主义的观点，给《说文》以正确的总的评价，并不是什么困难的事。建国以来，语言工作者对这部书也一直是很重视的。但是这样一个简单明了的道理，在"四人帮"横行的时期，竟也被搞混乱了。

无恶不作的"四人帮"为了实现其篡党夺权的阴谋，大搞影射史学，用"儒法斗争"取代一切，衡量一切。在"四人帮"掀起的阵阵妖风影响下，有的同志对《说文》也采取了一概否定的态度，这是不正确的，应该予以澄清。

否定《说文》的最突出的一条理由是：许慎是狂热的尊孔派，根据是他曾被时人赞为"五经无双许叔重"。既然是熟知儒家五经的专家，不是复古派是什么！同时许慎在《说文》中引用了一千零八十五条儒家著作中的词句，这也成了他是尊孔派的证据。

这种形而上学推理的谬误，在"四人帮"评法批儒丑剧的真相大白于天下的今天，已经十分显然。这里只需指出这样几点：（一）许慎引书，目的在于标音、说义。词只有进入句子才能确定它的某种意义。引句以释义，当然以引人们熟知的为好。用以标音，是举一般人熟知的故书语句或成语熟语以定音，在反切尚未发明的时代，这乃是一种先进的方法。许慎多引用了些当时久已盛行的五经，似乎无可厚非。（二）许慎引书并不止限于儒家经典，既是"六艺群书之诂皆训其意"，所以管、老、墨、韩非以及汉律、军令等书也都在援引之列。这与汉代儒法相互为用的风尚是一致的。他所引用的纬书，有的虽标"孔子曰"，实际未必都是儒家思想。即如一卷《士部》"士"下云："事也。数始于一终于十，从一，从十。孔子曰：'推十合一为士。'"而《太平经》中《解师策书诀》等篇云："十一者，士也"，"天数始于一终于十"。可见这个观念是道家思想，至少是儒道共有的观点。（三）不看全书的价值而苛求于例句，并以此否定全书，这是"四人帮"的骗局。"四人帮"是一伙专搞实用主义的反革命。有的同志不是认为许慎引用了儒家经典就该否定吗？但是被"四人帮"捧上了天的王充，在《论衡》中直接称赞儒家的就有四百余处，即使韩非也不止一次地吹捧孔子，而"四人帮"自己却只字不提！

《说文》的再一条"罪状"是所谓攻击"法家"。唯一的证据是十二卷《毋部》"毐"字的说解："人无行也。从士，从毋。贾侍中说'秦始皇母与嫪毐淫，坐诛，故世骂淫曰嫪毐。'读若娭。"《说文》在这里是从字形和字义两方面进行讲解。毐从毋，而毋之本义为"从女有奸者"；"读若娭"，十二卷《女部》"娭"下云："戏也"，此指淫戏。然则由女子为主曰娭，由男子为主则曰毐，二字本一语之变。许慎的说法是对的。他引贾逵说是为了进一步证明"人无行"的说解。嫪毐事始见《史记·吕不韦传》，《汉书·五行志》、《说苑》等也均有记载；贾逵说，别人也曾引用。许慎据世之成说以释义，似乎不应独受"疯狂攻击法家"之责，何况这样的记载未必就是攻击呢！

否定《说文》的另一理由是说许慎是孔子"克己复礼"反动政治纲领在文字领域里的积极推行者。根据是在《说文·叙》中有这样的话：说大篆"与古文或异"，孔子书六经、左丘明述《春秋传》"皆以古文，厥意可得而说"；说秦曾统一文字，

"罢其不与秦文合者",秦之识字课本"皆取史籀大篆或颇省改,所谓小篆者也";还说"初有隶书以趣约易,而古文由此绝矣"。有人认为这些说明许慎是个"今不如昔"论者,他梦想恢复苍颉时代依类象形的文字。这个结论是不公正的。《说文》是说解文字的,而汉字的点画结构之意当然是较古的文字显示得更为清晰。当时由于"古文"失传,才使得当时出土的古籍和鼎彝铭文受到"世人大共非訾",而世人又"诡更正文,向壁虚造不可知之书……称秦之隶书为仓颉时书,云'父子相传,何得改易!'乃猥曰马头人为长,人持十为斗,虫者屈中也。"甚而至于闹出"廷尉说律至以字断法,'苛人受钱',苛之字止句也",以及"见《仓颉篇》中'幼子承诏',因号古帝之所作也,其辞有神仙之术焉"的大笑话。许慎有感于斯,于是作《说文》,意在杜绝"人用己私,是非无正,巧说邪辞"的现象,使全民工具的文字能够进一步统一。从这里,我们可以看到许慎文字观中朴素的唯物主义的一面,却实在找不出他迷恋乃至梦想恢复象形文字的意思。即如今天,我们一方面要积极进行汉字的简化工作,另方面也要为学生"正字",为此就要说明一些字的点画意义,有时还要谈谈甲骨、金文,能不能据此就说这样做的同志是迷古,妄图恢复古文字呢?《说文》列叙篆文,只是"合以古籀",说解又全以通行文字书写,这不也正是许慎并不"力图恢复殷周古籀"的明证吗?至于"厥意可得而说"一语则更是许书体例之一,这里就不详述了。

　　"四人帮"被打倒了,精神枷锁砸碎了,被蒙在《说文解字》以及其它一大批我国古代优秀科学著作上的灰尘被扫掉了。我们——中华民族优秀文化遗产的继承者、未来更为灿烂的文化的建设者,应该抓紧时间,从新的高度上研究这些著作,让它们在提高整个中华民族的科学文化水平的伟大事业中发挥更大的作用,放射出更加夺目的光辉!

第一章　《说文解字》的内容和体例

一、关于形、音、义

《说文解字》分析解释了汉以前的书面语言,正如许冲《上〈说文解字〉表》所说的:"六艺群书之诂皆训其意。"许慎根据汉民族语言文字的特点,从"形"、"音"、"义",也就是"文字"、"声韵"、"训诂"三个方面进行了分析。下面就从这三个方面说明这部书在内容和体例上的一些问题。

(一)文字方面

前面曾经提到,《说文》所收集的正篆(即篆书的正体字)重文(即正篆的异体字)总数为一万零五百一十六字。但见于说解而未列为篆文者未计。如四卷《隹部》"雁(yīng,音鹰),鸟也。从隹,瘖省声。或从人,人亦声。鷹,籀文雁从鸟。"如许慎说解,则"雁""鷹"字应有"从隹,瘖省声"之正篆"瘖"(雁),但此未列正篆,仅见于说解。又如四卷《骨部》"髊,鸟兽残骨曰髊(zì,音自)……髊或从肉",则"髊"字应有或体"胔"篆文。此则只见于说解而未列或体篆文者。全书这类情况很多,无需一一列举了。

《说文》把正篆按照"分别部居"的原则,分成了五百四十部,每部的第一字作为部首,这样,就把所收集的文字"据形系联"地隶属于五百四十部之内(即"凡某之属皆从某"),成为一套有体系的"偏旁编字法"。

下面对这部书所收辑的字体,即"古文"、"籀文"、"小篆"、"今文"、"俗字"等略加解释。

1. 古文

《说文解字·叙》中提到古文的,有以下这些话:

> (籀文)与古文或异。
>
> 孔子书六经,左丘明述春秋传,皆以古文。
>
> 是时,秦(始皇)烧灭经书,涤除旧典。……而古文由此绝矣。
>
> 及亡新居摄……颇改定古文。时有六书:一曰古文,孔子壁中书也。二曰奇字,即古文而异者也。
>
> 壁中书者,鲁恭王坏孔子宅而得《礼记》、《尚书》、《春秋》、《论语》、《孝经》。
>
> 北平侯张苍献《春秋左氏传》。郡国亦往往于山川得鼎彝,其铭即前代之古文,皆自相似。
>
> 若此者甚众,皆不合孔氏古文。
>
> 今叙篆文合以古、籀。
>
> 其称《易孟氏》①、《书孔氏》、《诗毛氏》、《礼周

---

① "易孟氏"章炳麟先生谓当作"易费氏"。其实,汉世研究六艺的经学家有"本"与"说"的区分。从文字的角度上说,则有"今文本"和(转下页注)

官》①、《春秋左氏》、《论语》、《孝经》，皆古文也。

综上所引，则许慎所谓"古文"，就是汉代所发掘出的古文经典中的字体。但实际上《说文》所说的"古文"，不仅仅限于古文经典，春秋时代秦篆以外群书故籍所使用的文字，都叫"古文"。例如：

> 二卷《疋（shū，音书）部》：疋　足也。……《弟子职》曰："问疋何止。"古文以为《诗》大疋字，亦以为足字。或曰胥字。

这一段说解是说明"古文"在记录语言时有一字数用的情况。"足也"、"亦以为足字"的说解是根据《管子·弟子职》里疋字作为足字来使用这一情况得出的。可见许慎是把《管子》作为"古文"的依据。又如：

（接上页注）"古文本"；从学术的观点上说，则有"今文说"与"古文说"。而"本"与"说"有时又互相交错。有的是采用"今文本"而解释上所反映的观点是"古文说"的。例如《诗经》这部书，历史上从未记载发掘出《诗经》的"古文本"，也可以说汉世没有出现过"古文本诗经"。但毛亨《诗传》在东汉列于学官，称"古文诗经"。这是毛亨的《诗传》，说事实本于《左传》；解制度依据《周官》；讲训诂合乎《尔雅》。因此，《毛诗》以其"说"为古文。汉世《易经》传本是"古文本"，秦始皇未焚《易》，古文本得以保存。孟喜说《易》，是用今文家的观点解释，汉人称孟喜为今文说。因为汉世有这种情况，"易孟氏"的本子是古文；"诗毛氏"的师说是古文，许慎在两个角度上使用材料，故曰"皆古文"。章说非。

① "礼周官"即今之《周礼》，郑玄注释三礼，始易《周官》之名为《周礼》，许慎书中言"周礼"的，不尽同《周官》，只能作"周代之礼"来解释。如《叙》言"周礼八岁入小学"之类是。

十二卷《我部》：羛（yì，音义）　墨翟书義。

这就是说，義字在《墨子》书里写作"羛"。这与根据《管子》认为"疋"为足之古文同例，"羛"也必然是古文的字体无疑。

此外，许慎还引据很多秦以前的其他古籍，如《逸周书》、《山海经》、《春秋国语》、《老子》、《孟子》、《楚辞》、《司马法》等等，都可以根据上面所说的道理来推断为"古文"。

据《说文解字·叙》，许慎还收集了当时出土的鼎彝铭文的字体，也称为古文。但是，许慎在说解里并没有一一标明出处。这是为什么呢？对这个问题，黄侃先生有这样一段解释：

> 《说文》字体言所出者，独无一条称某彝之文。详其由来，盖有二焉。一则古时鼎彝所出本少，见于史者，独有美阳①、仲山甫②二鼎而已。当时拓墨之法未兴，许君未必能遍见，故《说文》中绝无注出某彝器者。二则《叙》云：鼎彝之铭"即前代之古文，皆自相似"。《说文》中所云"古文"者，必有鼎彝与壁中之相类似者，既以孔氏古文为主，则鼎彝可略而不言。若谓《说文》竟无钟鼎，又非也。

---

① 《汉书·郊祀志》：宣帝时，"美阳得鼎，献之。下有司议，多以为宜荐宗庙，如元鼎时故事，以张敞上议而止。"又张敞释文"王命尸臣……丕显休命"凡三十二字。阮元谓非全铭。

② 《后汉书·窦宪传》：和帝永元元年，窦宪伐单于，南单于"遗宪古鼎，容五斗。其傍铭曰：'仲山甫鼎，其万年子子孙孙永保用。'"

黄氏说是。一卷《王部》古文王作"壬"，与《者沪钟》之"壬"、《克鼎》之"壬"皆自相似，可证。

2. 籀文

《说文解字·叙》说："周宣王太史籀著大篆十五篇，与古文或异。"近人认为许慎的说法是错误的。并谓"籀文"为春秋战国时代的西方文字，也就是秦始皇之前的秦国文字。"籀"亦非人名（此说始见清末龚孝珙《说文董理后篇》）。许慎所收录的"籀文"是依据残本的《史籀篇》，两汉时，《石鼓文》、《诅楚文》尚未出土，"籀文"的材料只有《史籀篇》十五篇。建武时代又亡失六篇，是许慎所见只有九篇，收入《说文》里。

《史籀篇》的编制形式，与李斯诸人所编的《苍颉》《爰历》《博学》大致相似，也是由章句组成，用韵语行文，作为学童的识字教本。其中，有历史常识，如四卷《冊部》"奭"字下云，"此燕召公名，《史篇》名醜。"（一说《史篇》是《史籀篇》的简称。一说汉扬雄《法言·自序》说"《史篇》莫善于《仓颉》，作《训纂》"，是汉人把《仓颉篇》也叫《史篇》。此《史篇》则未必即《史籀》。）其中用字有同音通借。如七卷《鼎部》"鼎"字下云："籀文以为贞字。"四卷《受部》"爰"字下云："籀文以为车辕字。"

汉人王育曾给残本《史籀篇》作注。《说文》在"为""秃""女""无""醫"五字下，引用了王育的说法。这也可以作为"籀文"的旁证。

3. 小篆

秦始皇统一天下后，把"小篆"作为全国文字的规范，统一了表达语言的工具,使方言复杂的中国,在书面语言上能够交流思想,传播经验,这对于发展科学文化起了很大的促进作用。

《说文解字·叙》说:

> 秦始皇帝初兼天下,丞相李斯乃奏同之,罢其不与秦文合者。斯作《仓颉篇》,中车府令赵高作《爰历篇》,太史令胡毋敬作《博学篇》,皆取史籀大篆或颇省改,所谓"小篆"者也。

据此,"小篆"是以"籀文"为依据的。王国维用《诅楚文》与"小篆"的字形对比,其大部分与小篆字形相同,其不同形的不过六七个字,又皆同于《说文》中的籀文(见《观堂集林》)。所谓"或颇省改",说明"小篆"是在籀文基础上或稍加简化,如籀文车字作"轚",小篆作"車";或略改字形,如"锐"字,籀文作"剾",小篆作"鋭"(从金,兑声)。可知秦始皇所定的小篆,大部分沿袭了籀文。

汉朝初年,闾里书师把《仓颉》、《爰历》、《博学》去其复字,合并为《仓颉篇》。这部书虽早亡佚,但从《说文解字·叙》所引的"幼子承诏",郭璞《尔雅注》所引的"考妣延年"等,知道这部书是四字一句的。又郑玄《周礼注》引《仓颉·鞄𦀕(páo rǎn,音狍染)篇》、《柯欘篇》,可知这部书是分章的,并且每章有子目。所以《汉书·艺文志》说,这部书没有重复字,以六十字为一章,共五十五章。那末,汉初整理的小篆总数是三千三百字。

　　我们还应该知道,秦始皇时的小篆虽然是在秦国的籀文基础上制定的,但是它和战国时期的六国文字也是一脉相传的。从汉字的材料来看,秦国的籀文和春秋战国时期的东方古文都应是从殷商的甲骨文字、商周的钟鼎文字发展而成的。它们的字形结构虽有不同,究属同一体系的汉字。如果说秦文与东方古文截然不同,似非事实。三卷《又部》"及"字下云:"ㄟ,古文及。秦刻石及如此。""攸"字下云:"㳄,秦刻石、绎山文攸字如此。""也"字下云:"ㄟ,秦刻石也字。"此三者同例,可见秦文有与古文同形者。而且《叙》言"罢其不与秦文合者",可见东方古文有与秦篆相合者而保留在李斯等人整理的小篆中了。

　　《说文》中所列的正篆,是不是以"小篆"为主呢?或凡正篆未注明"古""籀"的都是"小篆"呢?晚清孙诒让曾经有过这种看法,他说:"《说文》九千文则以秦篆为正。"这种看法恐怕与事实不符。第一,小篆字数三千三百,已在《汉书·艺文志》中有明文记载。《说文》中的正篆已逾九千,在数量上近小篆的三倍。第二,一卷《上部》"上"字之正篆作"丄"(段玉裁改为"二"),说解曰:"此古文上。"重文作"丄",曰:"篆文上。"又三卷《鬺(lì,音力)部》:"鸁(羹),五味盉羹也。《诗》曰,亦有和羹。羹,小篆。从羔,从美。"此于正篆下引"诗毛氏"说明正篆的依据,重文"羹"又明确指出是小篆,则正篆为古文无疑。这足以说明许慎所规定的正篆,是综合古、籀、篆以为"正体字"的。

4. 今文和俗字

汉代通行隶书,亦不废篆体。如《说文》中重文下有注明
"俗"或"今文"者,都指汉世的篆文。例如:

> 四卷《肉部》:𦝗(肩)   髆(bó,音博)也。从肉,象
> 形。𦠖 俗从户。

所谓"俗"是指汉世的讹体篆字。

> 十卷《廌部》:灋   刑也。平之如水,从水。廌所以
> 触不直者去之,从去。佱 今文省。

所谓"今文"是说篆文也有今古之分,"法"即汉篆的省体字。
《说文》中的正篆也有汉世制定的。如:

> 六卷《邑部》:鄯(shàn,音善)   鄯善,西胡国名也。

《汉书·西域传》载:鄯善国本名楼兰。元凤四年(当公元前
七二年)傅介子诛其王,"更名其国为鄯善,为刻印章。"是则
鄯字乃昭帝时霍光所定的汉俗篆。

(二)训诂方面

许慎训释字义,主要是从古代文献的生动的语言实际
中,分析和揣摩词义,然后加以概括、归纳,从而确定每一个
词的训诂。例如:

> 十卷《犬部》:獘   顿扑也。斃,或从死。

顿扑是向前摔倒,也就是趴下。《尔雅·释言》:"毙,踣也。"

踣也是向前扑倒的意思①。为什么不解释为死呢？这是许慎依据许多文献语言而确定的字义。我们可参看《左传·定公八年》的一段记载："阳州人出，颜高夺人弱弓。籍丘子鉏击之，与一人俱毙。偃。且射子鉏。中颊，殪。"这段文字叙述鲁国围攻齐国的阳州城，阳州人突围应战的情状。鲁国勇士颜高当时手无寸铁，立即去夺另一个战士的弓。齐将籍丘子鉏忽然赶到，从后面用兵器来打颜高，颜高正和另一战士夺弓，于是颜高和那战士都被子鉏打趴下了。这时颜高已把弱弓夺到手，一个翻身，猛向子鉏射了一箭，这一箭射中子鉏，穿颊而出，子鉏立刻就死了。这里非常清楚地说明"毙"是前扑，"殪"才是死。又如《左传·隐公元年》郑庄公对大夫祭仲说："多行不义必自毙。子姑待之。"自毙是自己趴下，也就是倒台、栽跟头。有人把"毙"解作死，是不对的。这一段叙祭仲劝郑庄公早早处理他的同母弟太叔段，以除国害。其实庄公早作了安排，所以庄公对祭仲说"一味搞阴谋诡计（多行不义），早晚是要栽跟头的，你等着吧！"只有这样解释才能与下文"不义不暱，厚将崩"相应。《左传》中的这两个例子，证明许慎的说解是经过仔细分析和揣摩的，是符合周秦语言实际的。又如：

　　七卷《黍部》：黏　黏也。《春秋传》曰："不义不
　黏。"

①　《尔雅·释言》："毙，踣也。偾，僵也。"是毙指向前倒，僵指向后倒。但毙、僵可能一蹶不起，故可引申训死。

七卷《日部》：曔　日近也。《春秋传》曰："私降曔燕。"昵，曔或从尼。

案以上两处引文中的"黏"和"曔"，在今本《左传》分别作"曔"和"昵"。许慎引文作"黏"、作"曔"，系根据"古文经典"。"黏"（nián）今又作"粘"（又音 zhān）。黏字从黍，黍是禾属之黏者，古代用黍作胶，所以《黍部》"黎"下云："作履黏以黍米。""黏"，《尔雅·释言》作"翻"，云"翻，胶也"。是"黏"有胶着粘贴之义，引申为凝结、团结。《左传》的"多行不义，必自毙"和"不义不曔，厚将崩"，文意上始终是以"不义"来谴责公叔段，因此，"不义不曔"并不包含亲族兄弟关系，杜预《左传注》"不义于君，不亲于兄"的解释是不确切的。因为郑庄公根本没以兄弟关系对待公叔段，决不能责以"不亲于兄"。并且"不义不曔"在语法上不是并列结构，而是层递结构。这句话的意思是："不义"就没有团结群众的基础，人越多崩溃得越快。好象筑成一道没有基础的墙壁一样，墙越厚，越容易倒塌。《国语·晋语》说："犹无基而厚墉也，其坏也无日矣"，与此相同。许慎引经作"黏"不作"曔"，训"黏"为"黏"，是从《左传》的生动的语言实际出发的。

至于《左传·昭公二十五年》的"曔宴"则是亲属宴会。由上下文的意思来看，是说"（你要节省开支，）应当自己（私）减少（降）亲属的宴会"。许慎揣摩词义，依据"古文经典"作"曔"，训近。近即亲近、亲属之义①。又如：

① 关于这一问题，孙诒让也有论述，见《周礼正义》卷八十六。

二卷《癶部》：癹（pō，音泼）　以足蹋夷艸。《春秋传》曰："癹夷薀崇之。"

所引《春秋传》之文，见隐公六年。今通行杜预注《左传》本作"芟夷薀崇之"。许慎所据的是汉世的"古文本"。从《左传》的上下文来看，许慎所引的文字和对字义的解释是比较精确的。《左传》说："为国家者，见恶如农夫之务去草焉，癹夷薀崇之，绝其本根，勿使能殖，则善者信矣。"大意是用"癹夷"的方法绝其本根；以"薀崇"的方法勿使能殖；如此，良苗可以苗长。何谓"癹夷"？癹是用两脚踢除根实；"夷"即"薙"。一卷《艸部》："薙，除艸也。"《周礼·秋官》有"薙氏"。郑玄注："玄谓薙读如鬀小儿头之鬀。书或作夷。此皆翦艸也。"何谓"薀崇"？《艸部》："薀，积也。"就是把拔出来的野草堆积起来，太阳晒，里面腐烂，这样，就能作到"勿使能殖"了。"癹"是拔绝艸根的方法。癹即古撥字，从字音上看，發从癹声，撥从發声，形声系统完全相同。从字义来看，十二卷《手部》："撥，治也。"然《艸部》"芨"下说解曰："春艸根枯引之而發土为撥"，是"撥"即拔本根于土中之义。再者，《诗经·大雅·荡》曰："本实先撥。"《郑笺》训撥为绝，即"绝其本根"之绝（《广雅·释诂》："撥，除也。"又"撥，绝也"）。至于撥训为治，乃其引申义。段玉裁云："《公羊传》：'撥乱世，反诸正。'何注曰：'撥犹治也。'何言犹者，何意：撥之本义非治，撥之所以为治也。"

"芟"（shān，音山）字，《艸部》训"刈艸"，虽与除艸有关，但非"绝其本根"之义。郑玄《周礼注》说:"以钩镰迫地芟之也",是"芟"本翦修埽饰之意。《国语·齐语》有"耒""相""耞""芟"。韦昭注:"芟,大镰也。"则芟又为耕具之名。《周礼·肆师》:"尝之日,涖卜来岁之芟。"这里所卜之芟,是指收割场圃、薮泽、莱牧的产物,乃备疏材、染绩、薪丞的用品。芟字的三个义项都与"绝其本根"无涉,无法解通《左传》原文。《左传》是以"登夷蕴崇"说明"绝其本根,勿使能殖",应是登字,非芟字。今本作芟,乃因芟字从艸,登字从癶,"艸""癶"因形近而致讹。当以《说文》所引为准。

以上所举,仅仅是许慎依据《左传》一书中的语言来确定字义的例证。但可以看出,许慎在训诂方面是依据六艺群书中成段的文章,联系不同的上下文,经过细密的分析,然后规定每个字义的准确解释的。这是训诂学的一条重要的方法。在这方面,许慎为我们提供了很好的经验。

另外,《说文》中对字义的训释,能运用高度的概括,作到既准确,又简练,不仅能说明事物的特点,而且有助于我们上溯语源,推迹变化,弄清语言发展变化的规律。例如:

十三卷《糸部》:纍　缀得理也。一曰,大索也。

缀即缀连(见十四卷下"叕"下说解),得理即具有条理性。凡是把同类事物按照一定的次第综集比附在一块儿,使它有条而不紊,叫作"缀得理"。由这个义训,我们可以作出以下的推索:

第一,"纍"隶书作"累"。累为累积,《穀梁传·僖公十八年》："善累而后进之。"何注："累，积。"《楚辞·招魂》："层台累榭。"王逸注："层、累，皆重也。"二累字都是按照次第重积之义。累又与"厽""垒"同语。十四卷《厽部》："絫，坺土为墙壁。"（十三卷《土部》："一臿土谓之坺。"臿即今锹字。）又云："垒，絫墼也。"（古谓砖未烧曰墼，即今"土坯"。）"厽""垒"本同字，都音 lěi，古用土坯相次为墙谓之"垒"，今则用砖石相次中间用灰泥粘固起来砌成墙谓之"垒"，都是"缀得理"。"累""垒"又音变为"鲁过切"（luò），今别作"擝"，是重叠而有比次地码起来，也是"缀得理"。又音变为"陊"，玄应《长阿含经音义》引《通俗文》曰："积土曰陊"，《十诵律音义》引《字林》曰："陊，积土也。吴人谓积土为陊。"《广韵·果韵》："垛，丁果切。"考之《说文》则应作"埵"。十三卷《土部》："埵，坚土也。读若朵。"而玄应《妙法莲华经音义》引《字林》曰："埵，丁果切，小堆也。"自音义言之，是"陊"即"埵"之别体，亦即今语"门垛子"、"城墙垛口"的垛。又北方农村把收割的粮食或柴禾整齐地比次地堆积起来，称之为"粮食垛"、"柴禾垛"，音 duò，实即"埵""陊"的后出字，也都是"缀得理"。

第二，关于"一曰，大索也"。《庄子·外物》："揭竿累。"司马彪注："累，纶也。"郭璞《尔雅注》说："纶者，绳也。""累"与"纶"古音声同组，韵对转，当为一语的音变。"累""纶"是用麻或草比次连续起来拧成的，所以也是"缀得理"。至于用绳捆束亦名累，则其引申之义。如《左传·成公三年》："两释累囚。"又《僖公三十三年》："不以累臣衅鼓"，"累囚"、"累臣"皆是拘系的俘虏。所以《广雅·释言》说:"累,拘也。"则亦绳索意义的引申。此外,有条理之思想叫作"仑";有条理地去阐述自己的分析和推断叫作"论",五卷《亼部》:"仑,思也。"《言部》:"论,议也。"可见"仑"与"论"都有"缀得理"的意思,也正是"累"与"纶"的意义引申。

第三,凡言乱和理,都与物数众多有关。六卷《员部》:"贠(yún,音云),物数纷贠乱也。"是物类众多有乱义,如果对数量众多的事物加以概括,作到"缀得理",就需要归纳出类别。由此言之,"累"与"类"亦同语。以《说文》证之,九卷《页部》:"頪,难晓也。"音"卢对切"。物数纷贠故"难晓"。十卷《犬部》"類,种类相似也。"这就是说,把有相似之点的很多事物概括起来,叫作类。其实,"累"与"類"是一语之孳乳,它反映了事物众多的两个方面——乱与理。又由类而有"伦"。八卷《人部》:"伦,辈也。""伦"与"類"即荀况所说"共名"、"别名"之异。"共名"就是通指;"别名"就是特指。伦是特指人的行辈,实际和类是一个意义。"類"既然是多数的概括,含有"缀得理"的意思,因而两汉以来"類"字又有时用作副词,有"大多数如此"的意味。如《史记·伯夷列传》:"岩穴之士取舍有时若此①,类名埋灭而不称,悲夫!"这个类字

---

① 《史记·伯夷列传》:"岩穴之士取舍有时若此类名埋灭而不称悲夫。"张守节《史记正义》以"取舍有时"句,"若此类"句。谬误不可解。晚清桐城吴汝纶以"取舍有时若此"为句是正确的,因为"取舍"应作"行为"讲,类是副词。

指大多数而言,与"大率"的词义相似。曹丕《与吴质书》中说:"观古今文人,类不护细行,鲜能以名节自立。"这里类字的用法,与《史记》完全相同,也是概括大多数人的规律的意思。

从这个例子可以看出,许慎的说解是很准确的。"缀得理"三字突出地体现了"累"的特点。由此我们可以联系到的诸字,如"厽""垒""摞""陒""埵""仑""纶""论""纇""伦"等,尽管它们的形体不同,义训有别,但是都可以从"缀得理"这个义训看出它们在意义上的联系。这些字在声音上又相通转,这就使我们能清楚地认识到这些字都是从一个语源发展变化而来的,从而摸索出词汇的发展规律。

(三)声音方面

声音是语言的物质外壳,文字又是记录语音的符号。大家知道,汉字里还保存了一部分图画文字(用"六书"的说法,"象形"、"指事"、"会意"属于图画文字),约占汉字总数百分之二十左右。这部分字的形体并没有反映出它的读音,但它们多数却是形声字的标音符号。约占汉字总数百分之七八十的形声字形成了一套完整的形声系统,实际上许慎在对形声字的分析中,已经把这部分图画文字的音读也就确定下来了。例如:

五卷《夂部》:夂 跨步也。从反夂。鬲(guō,音锅)从此。

"夂"的形体里没有标识音读。而说解有"鬲从此"三个字。

三卷《鬲部》：䰛　秦名土釜曰䰛。从鬲，𢆉声。读若过。

这样，“𢆉”字虽无标音，但通过“䰛”的读音把“𢆉”字音读给确定下来了。“䰛”今字作“锅”。汉人读“过”，则“𢆉”即今天“跨过”“渡过”的过字（唐人过读平声）。

总之，《说文》所收的一万零五百十六字，其中没有标音的字是有标音字的根源，有标音字反映了无标音字的读音。准此以求，《说文》文字的读音问题，就涣然冰释了。

许慎在说解中也非常重视音义的相互关系。他为了贯彻“音义相依”“义傅于音”的原则，往往以声音线索说明字义的由来，进行概括。例如：

一卷《示部》：鬃（bēng，音崩）　门内祭。先祖所徬徨也。从示，彭声。祊　鬃或从方。（依段玉裁说改）

鬃是祭祖先礼仪之一，又叫“索祭”（见《礼记·郊特牲》）。古代祭神祀鬼，设有“降神”或“招魂”仪式。招魂要在死者生前经常行走的地方进行。门是人必由之路，是先祖生前徬徨的地方。（徬徨训来往貌。今吴语方言有“白相”，即徬徨的语变。“白相”已见宋人诗。）“鬃”即“徬徨”，二者同音，由此可知“鬃”语源于“徬徨”。又如：

一卷《玉部》：瑗　大孔璧。人君上除陛以相引。从玉，爰声。《尔雅》曰：“好[①]倍肉谓之瑗，肉倍好谓

① “好”即“孔”，二字同源。

之璧。"

许慎用"相引"解释"瑗"的命名。古"引""爰"同音,实为一语。四卷《受部》:"爰,引也。"十二卷《弓部》:"引,开弓也。"开弓也叫援弓。今语"援引"组合一词。《汉书·五行志》:"宫门铜瑗",以瑗为门环,亦取孔大容手可引之使门开闭之义。又"爰"下曰:"籀文以为车辕字。"辕是车前所以驾马引车者,也有援引的作用。

以上两例说明有些词("紊"与"徬徨","瑗"、"辕"与"爰"、"援"、"引")彼此之间虽形式不同、词类有别,但其内容实质是相同的。许慎的说解即以同音同义的字说明词与词、音与义之间的关系。再如:

> 一卷《玉部》:璊(mén,音门)　玉䗖色也。禾之赤苗谓之虋(mén,音门),言玉赤色如之。
>
> 一卷《艸部》:虋　赤苗嘉穀也。
>
> 八卷《毛部》:𣯶(mén,音门)　以氊(cuì,音脆)为繝(jì,音记)。色如虋,故谓之𣯶。虋,禾之赤苗也。

"璊"、"𣯶"、"虋"语出于釁。三卷《爨(cuàn,音窜)部》:"釁,血祭也。"釁系以血涂坼(chè,音彻)隙为祭①,其色赤。因而赤色者得名于釁。釁古音亦读门。又如:

_____

① 《汉书·高帝纪》"釁鼓",应劭注:"杀牲以血涂鼓釁呼(鳞)为釁。"《孟子·梁惠王》"釁钟",赵岐注:"新铸钟,杀牲以血涂其釁郄(隙),因以祭之曰釁。"

　　十卷《马部》:騢　马赤白杂毛。谓色似鰕鱼也。
　　十一卷《鱼部》:鰕　魵也。

一卷《玉部》有"瑕"字训玉小赤。后出字又有"霞"字"赮"字,《说文》未录,皆应与"騢"(xiá,音霞)"鰕"同例。

　　以上两例,许慎是以颜色特点来说明词与词、音与义的关系。"璊"、"虋"、"樠"是青红色;"騢"、"鰕"是红白间色。

　　对于词的这种形式与内容的关系,早在先秦就已经有人注意到了。《荀子·正名篇》在讲到"制名之枢要"时指出:"物有同状而异所者,有异状而同所者,可别也。"状是事物所具有的形态;所是处所,就是事物是以怎样的一种东西存在于世界,也就是相当于现代所谓"实质"。所谓"同状而异所",是形态相同而实质不同。例如一卷《艸部》:"茎,枝柱。"意思是茎是植物花叶果实的枝柱。又九卷《页部》:"颈,头茎也。"则头部的枝柱叫颈。又二卷《牛部》:"牼,牛厀下骨也。"四卷《肉部》:"胫,胻也。"则动物或人的身体的枝柱叫牼、胫。这些事物同样具有向上挺立的形态和起着枝柱的作用,这就是同状。同时,这些事物又不是一种东西,或为草木,或为脖项,或为肢体,其实质并不相同,这就是异所。又如虋、璊、樠三个字都表示赤色,这是同状。但虋是禾之赤苗,璊是玉色如虋者,樠是毳衣之色如虋者,其实质并不相同,这就是异所。

　　所谓"异状而同所",就是形状尽管不同,而实质却是一样。例如匑、卉、茁(zhuó,音拙)、莝(cuò,音挫)、犓(chú,音除)。这些名称所代表的事物,在形态上是不同的:匑是包起来的断草,卉是百草的总名,茻是丛生的草,莝是斩断的短草,犓是"以刍茻养圈牛也"。这就是异状。但是从实质上看,这些事物又都同样是草,这就是同所。又如示与视,示是显示的意思,一卷《示部》所谓"天垂象,见吉凶,所以示人也"。视是瞻视。从表现形式来说,一个是表现给人看,一个是去看外界,二者是不同的。这是异状。但是显示和瞻视都同样是视觉的活动,这就是同所。

接着,《荀子·正名篇》又说:"状同而为异所者,虽可合,谓之二实。状变而实无别而为异者,谓之化;有化而无别,谓之一实。"这段话的意思是说,形态相同而实质不同的事物,即使能合起来用同样的名称,如茎、颈、胫、牼和虁、璊、㻞,在语音上是完全相同的,但是它们实质上是不同的事物。反之,只有形态上的不同而在实质上并无区别的事物,这种差异只能叫做"化",也就是变化。对于这种只有形态上的变化而没有实质区别的事物,只能看成是一种事物。

从以上的分析中可以看出,荀卿所提出的理论贯穿在《说文解字》中,或者说,许慎在处理音、义关系时是具体地实践了荀卿的理论的。从这点来说,许慎是先秦语言理论的继承者和发展者。

总之,比次声音、说明字义,是许慎所使用的重要的训释方法。

另外,许慎在声音方面还采用了"读若"拟音的办法。《说文》中用"读若"者有六百多条,这是许慎用来注释古代文献语言的另一重要方法。

段玉裁依据汉人注经体例,认为《说文》中的"读若",只是单纯的比拟音读。当时钱大昕已斥其非,指出《说文》中的"读若"、"读与某同"包含着古代文献的假借体例,"不特寓其音,即可通其字。"其后王筠、俞樾、张行孚等人更详细地分析了全书的读若体例,认为只有少数是专拟音读的,其绝大多数的"读若"则不仅注音而且也解释了古代文献上的文字、训诂问题。钱大昕等人的说法是可信的。现分类说明如下:

第一类　音义相同的读若

　　三卷《辛部》:辛　辠(zuì,音罪)也。读若愆。

十卷《心部》"愆"训"过"。是"辛""愆"音义同。古代文献上通用的是"愆",如《诗经·楚茨》:"式礼莫愆。"《左传·昭公二十六年》:"王愆于厥身。"

　　五卷《亼部》:亼　三合也。读若集。

四卷《雥(zá,音杂)部》"雧"训"群鸟在木上"。是"亼"、"雧"音义同。古代文献上通行"集",如《尚书》:"辰弗集于房。"《孟子》:"是集义所生者。"

以上两例,许慎用"读若"说明辛、愆不殊,亼、集无别,虽判若两文,实一字的变易。然"辛""亼"二字已罕见,在古代文献中所通行是"愆""集"。实际上许慎在这里用"读若"说明了汉字古今字形的变化。

第二类　音同义异的读若

　　三卷《攴部》:敦　闭也。读若杜。

六卷《木部》:"杜,甘棠也",是"斁""杜"音同义异。《周礼·大司马》:"犯令陵政则杜之。"杜是禁闭。《汉书》:"杜门不出朝请。"杜门,闭门。皆用"杜"字代替"斁"字。这说明了古代文献中同音代替的作用。

又《公羊传·成公二年》:"使耕者东亩,则土齐也。"土字应作"封锁""堵塞"解,这里又以"土"字代替"斁"字。

十三卷《力部》:勢 健也。读若豪。

九卷《希部》:"豪,豕鬣如笔管者。出南郡",是"勢"与"豪"音同义异。今通语"豪强"、"豪迈"、"豪壮"、"豪杰"之"豪",皆应作"勢",而用"豪"字代之。

又《左传·宣公十二年》:"若敖、蚡冒筚篮蓝缕以启山林。"若敖亦作"莫敖",是楚国先祖的称号。敖亦即勢字。"若敖"、"莫敖"是氏族社会部落首长之称,即所谓"酋豪"。此又以"敖"代替"勢"字。

以上两例,"斁"与"杜"、"勢"与"豪",音同而义异。在古代文献中已通行借"杜"为"斁"、借"豪"为"勢"。许慎用"读若"说明古书用字的同音代替现象,也就是指出读古代文献理解词义的方法之一。

《说文解字》是对汉字的"形体"、"训诂"、"声音"三个方面进行综合研究的专书,它为后世开辟了文献语言学的研究道路,提供了重要的研究方法。历代学者对此都有所阐述,而其发扬光大,则在清朝一代。

段玉裁作《说文解字注》,曾强调指出:"凡文字有义、有形、有音。"又指出形、音、义三者相互依存、互相贯通的关系，他说:"一字必兼三者,三者必互相求。万字皆兼三者,万字必以三者彼此交错互求。"

戴震作《转语》二十章,在《序言》中特别强调"音"、"义"的相互关系和研究方法。他说:"疑于义者,以声求之;疑于声者,以义正之。"

其后,王念孙本之戴说,作《释大》、《广雅疏证》,乃专以声音推迹义训。他每以双声为主要线索,综合声纽相同的若干字,观其词义的会通。因此"形"、"音"、"义"结合的研究,成为乾嘉时代治小学的方向。

晚近章、黄两先生又把清代"形"、"音"、"义"结合的治学方法,提高到语言学的理论上来,于是章氏以《说文》中"初文"和"准初文"①为纲领,用"孳乳"、"变易"②说明语言文字的发展,共列五百一十文,分列四百三十七条,成《文始》一

---

① 章氏指《说文》中的独体,即"六书"中"纯象形"或"纯指事"的文字。《文始叙例》说"取《说文》独体,命以初文"。章氏所谓"准初文",黄侃谓之"半字"。《说文略说》略云:由文入字,中间必经过"半字"之一级。半字者,一曰"合体"。合体指事如"叉""叉";合体象形如"果""朵"。二曰省变。省者如"孓""朩";变者如"夭""矢"。三曰兼声。如"氐""丙"。四曰复重。如"二""三"积于一;"艸""茻"积于屮。此种半字即为会意、形声之原。

② "变易"的命名,始于郑玄《周礼注》:"齎、资同耳。其字以齐次为声,从贝变易。"其实变易即许慎《说文叙》所谓"改易殊体"。变易就是重复字。许慎《说文叙》:"字者言孳乳而浸多也。"此孳乳一语的来原。孳乳就是同语的派生字。

书。其《序例》中说：

> 讨其类物，比其声均。音义相雠谓之变易；义自音
> 衍谓之孳乳。坒而次之，得五六千名。虽未达神怡，多
> 所缺遗，意者，形体声类，更相扶胥，异于偏觭之议。

黄氏《声韵略说》说：

> 声义同条之理，清儒多能明之。而未有应用以完全
> 解说造字之理者。侃以愚陋，盖尝陈说于我本师（章炳
> 麟），本师采焉，以造《文始》。……令诸夏之文，少则九
> 千，多或数万，皆可绳穿条贯，得其统纪。

文献语言学虽然包括"文字"、"训诂"、"声音"三个内容，但这三者决不能平列齐量视之。其中应以声音为主导。《荀子·正名》说过："名固无宜，约定俗成谓之宜。"一个词是用语音作为标识的，但是声音和事物并不存在必然性的联系，某个语音之所以代表某个事物，完全是"约定俗成"的。然而它一经为众所公认，这个声音便紧密地和事物结合在一起，形成了语词的物质外壳，并进一步用这个物质外壳，广泛联系了同状同类的事物，从而发展和丰富了词汇。在语言形成和发展的条件中，声音是基础，是纲领。清人是深知此中真谛的。段玉裁作《说文解字注》，于字形分析最为疏略，其书超越前人之处，乃在以声音为线索，贯串故训，辨明本义、引申义和通借，并联系了语词的派生现象。段玉裁于《说文》所收的九千三百五十三文之下逐字注明古韵韵部，可见他对语音的极度重视。章炳麟先生评价段书时说：

段氏为《说文注》，与桂馥、王筠并列，量其殊胜，固非二家所逮。何者？凡治小学，非专辨章形体，要于推寻故言，得其经脉，不明音韵，不知一字数义所由生。此段氏所以为桀。[①]

黄侃先生也说过：

（形、音、义）三者之中，又以声为最先，义次之，形为最后。……因此以谈，小学徒识字形，不足以究言语、文字之根本，明已。[②]

对文献语言学形、音、义三者互相依存的关系，可以作这样一个粗浅的比喻：汉语的字、词犹如北京人喜欢吃的糖葫芦。糖葫芦是用竹签穿上一串果子，果子上粘上糖。果子好象字义，果子外皮的糖是字形，竹签子好比是字音，关键是必须用竹签子穿在一起才能成为糖葫芦。所以说以"声音"统帅"形"、"义"是研究文献语言学的重要方法，也是汉语研究史上最可宝贵的经验。

二、关于文字与说解

顾名思义，"说文解字"四个字就说明了这部书是由"文字"与"说解"两个部分组成的，同时二者又有紧密的内在

① 见《国故论衡》上卷《小学略说》。
② 见《声韵略说》。

联系。

首先,谈一谈许慎对"文"和"字"的解释。《说文解字·叙》里说:

> 仓颉之初作书,盖依类象形,故谓之文;其后形声相益,即谓之字。文者物象之本,字者言孳乳而浸多也。著于竹帛谓之书,书者如也。(依段改)

这段话表达了许慎对文和字的两个论断:

第一,文和字是汉字的两个发展阶段,也就是说汉字经历了由图画符号过渡为标音符号的历史过程。"依类象形"是描绘外界事物的形象和状态。"形声相益"是偏旁加音符,也就是由图画文字发展为标音文字。从《说文解字》全书来统计,依类象形的"文",仅占百分之二十左右,形声相益的"字"则占百分之八十。

前人用六书来解释文和字。如段玉裁说:"依类象形谓指事、象形二者,形声相益谓形声、会意二者。"这里段氏误解了许慎的原意。许慎所说的文和字,是说明汉字的历史发展;六书则指的是汉字字形的构造法则。范畴既异,界说不能相混。

许慎在说明了何者为文何者为字以后,接着强调指出了文和字的关系。他说:"文者物象之本,字者言孳乳而浸多也。"意思是说,"文"代表的是字原,"字"是在"文"的基础上孳乳派生出来的。章炳麟先生就是根据这一学说来作《文始》的。举例来说,七卷《朿部》:"朿,木芒也,象形。"由朿派生出"刺","直伤也"(见四卷《刀部》)。又有"莱"、"莿","艸木刺人"(见《方言》卷三。莿,今本作刺,《释文》引作莿)。又有"策,马箠也"(见五卷《竹部》)。按照许慎的说法,"束"是物象之本,是"文";"刺"、"莱"、"莿"、"策"都是由"束"孳乳浸多派生出来的"字"。可见许慎由文字语言发展的角度阐明了"文"是汉字形体的根源,声音的根源,字义的根源,由文到字是汉字发展的方向。

第二,指出文字是书写记录语言的工具。他说:"著于竹帛谓之书,书者如也。"意思是说,把文字连贯起来成为"书",才能表达思想交流思想。这也就是司马迁所说的"属书离辞"。

许慎的这个观点,同战国时代唯物主义学者荀况的语言学观点是一致的。荀况的《正名篇》上说:

> 名闻而实喻,名之用也。累而成文,名之丽也。用丽俱得,谓之知名。名也者,所以期累实也;辞也者,兼异实之名以谕①一意者也。

这一段话是荀况从语言学角度阐述的。他提出了名(即今天所谓词)和辞(即今天成段的话)两个概念及其相互关系。"名闻而实喻"的"实"是指客观事物,"名"是代表客观事物的标志或符号。"名"的物质外壳是声音,"名"的作用就是用声音标志客观事物,所以说"名之用"就是"名闻而实喻"

---

① 谕,今本作谕,从王念孙说改。

（即闻声而知意）。但"名"仅是语言建筑材料，孤立的"名"不能构成语言，必须把许多的"名"按语法组织起来，才构成语言，所以说"名之丽"（丽：连属排列）就可以"累而成文"，也就是组成文句。然后，荀况又就名和辞的特点下了两个定义。他认为名所标志的不是个别的事物，而是通过概括形成的概念，它标志的是一般的事物，这就是所谓"累实"，也就是同一篇里所说的"同实者莫不同名"。什么是辞呢？就是用词造成句子，也就是集合不同实的名，按照语法规律组成文辞来表达一个完整的思想，这就是所谓"兼异实之名以谕（明确表达）一意"。

许慎关于"书"的理论也是这样。他认为文字只是书写"名"的符号，在竹帛上连属成文辞才能表达思想。所以他说："书者如也。""如"训"从"，即从其思想的意思。

其次，谈一谈说解这一部分。《说文》的说解，是给篆文所作的注释。主要分两大部分，一是诠释字义，一是分析字形。其言"某也某也"是诠释字义；其言"象某形"、"从某从某"、"从某某声"是分析字形。这两部分是有机地联系在一起的，互相贯通的。也就是一个字的字形是字义的根据，而在字义上也反映了字形的结构（段玉裁说，许慎"解字义必依据字形，就字形以说音义"）。根据这个原则，许慎在说解中，对那些虽属习用常见但不能说明字形的字义，则在所不取。凡能解释字形的字义，虽然冷僻不常见，也在必取之列。例如：

十二卷《乁部》：🜨 女阴也。象形。

解为女阴,确是"也"字的本义①。章炳麟先生在《文始》中曾
加以证明。他说:"也之本义,古多借'施'为之。《后汉书·
邓训传》曰'首施两端',又鲁公子尾字施父","古语阴与尾多
通言,如言鸟兽孳尾是也。"又说天地本人体之名,天即头顶,
地即人阴,在最下(足虽在下,然四肢可旁舒,故足不为最下,
以阴为极),引申以名宇宙之上下。但是在古籍中是找不到
哪一个"也"字作女阴来用的,而做为语助的用法,却是所见
皆是。许慎所以不用"语助虚词"这个通行的字义去解释
"也"字,而采取"女阴"这个解释,就是因为后者可以说明字
形结构。根据字形结构选择用以说解的意义,这是许慎说解
诠释的原则,也是全书的基本体例。又如:

十三卷《田部》:🗃(畴) 耕治之田也。从田。🥀,象
耕田沟诘诎也(从段改)。🥀 🗃或省。

🗃、🥀是文字部分。🥀是初文,🗃是半文。说解部分的"耕治之
田"是说明字义,言畴是经过人工垦耕、开辟、疏通沟渠而可
以种植庄稼的田亩。"从田"则象耕地中有畦塍之形,🥀是沟
渠诘屈(弯曲)的象形,因地势高下有大渠支渠灌溉农田。这
些是对字形的分析。🗃、🥀正是耕治田的形象,而耕治田也说
明了畦塍沟渠的设施。这是把字形与字义结合起来加以说

---

① 金文以"也"为"匜"之本字。然"匜"与"也"形、用相似,其得名亦由"也"
之本义而来。有人据金文以驳许慎,盖未深察。

明,即所谓"本义"。至于从农业生产联系到其它学术、事物也以畴为名的时候则变为"引申义"。恩格斯在《反杜林论》里提到:"数学是从人的需要中产生的:是从丈量土地和测量容积,从计算时间和制造器皿产生的。"①中国古代也因农业上的需要而产生了数学、历法、天文等学术知识,并把具有这种知识的人叫"畴人"。这就是"畴"的引申义。研究字义学,既要探索"本义",也要研究字义的发展,弄清"引申义"。这是训诂的基本法则。

许慎为了使字形与字义的诠释结合得更为紧密,往往在说解时加以补充说明。例如:

> 十四卷《𨸏部》:䧽(阴) 暗也。水之南山之北也。从𨸏,侌声。

阴训暗,是最普遍最常用的词义。但暗的意义与字形"从𨸏"结合得不够紧密,所以有"水之南山之北"的补充说明。𨸏象土山之形,因此提出"山之北"。只提"山之北"仍然不能完全准确地说明阴的所在地点,于是又加上"水之南"来确定"阴"的地位。如果加以详细叙述可以说:"水的南边山的北边这块地方叫阴,而水的北边山的南边那块地方叫阳。"许慎这种解释是根据《周礼·考工记》:"凡天下之地势,两山之间必有川焉。"因而山之南往往正是水之北,山之北常常正是水之南。中国的许多地名正反映了这一情况:河南省的洛阳在洛

---

① 人民出版社,一九七六年十二月版,第35页。

水之北,湖南省的衡阳则在衡山之南;陕西省的华阴在华山之北,江苏省的淮阴则在淮水之南。可见许慎的补充说明非常重要。

以字形的分析确定字义的解释是《说文》全书贯彻上述基本原则的另一个方面。

许慎在说解中运用的这个原则,是符合汉民族语言文字发展的一般规律的,这是许慎对我国语言文字学的重大贡献。很多字的本义在《说文》里被保留下来,这对我们探索语源,弄清它的发展变化,正确理解古籍的语言,以及认识现代汉语的历史渊源,都是十分重要的。

但是,汉字偏旁并不是很严格的。例如从艸与从木、从口与从欠等等,有时就很难分别清楚。尤其是汉字在长期使用过程中发展变化很大,在形、音、义各方面都有可能产生讹变。例如《尔雅·释兽》:"犬未成豪,狗。"是小犬叫狗。而在同一篇里却又说:"熊,虎醜。其子狗。"是小熊也叫狗。《晋律》说:"捕虎一,购钱五千。其狗半之。"则小老虎也叫狗了。羔本羊子,今语有"王八羔子",则卵也叫羔。

许氏生于后汉之际,由于历史局限,对于已经发生了很大变化的汉字,要说明其字义和字形的关系,是受到一定的条件限制的,所以不免有些臆造之说。关于这个问题我们在第四章还要详细说明。这里要指出的是:《说文》的这一缺陷并无损于它的伟大价值。因为许慎在前人的基础上所总结和确立的以分析字形来确定字义的原则,比他具体运用这一原则得出的个别结论更为重要。试看治甲骨金文之学的人,尽管可以纠正《说文》的一些字形和说解,但由字形以释字义仍是常用的主要方法,这就可以证明许慎所总结的这一原则的正确和影响的深远了。

三、关于"六书"

"六书"这个名称,始见于《周礼·保氏》,而"六书"的细目,则始见于刘歆《七略》。由此可知,用"六书"分析汉字,是从汉代古文家开端的。

刘歆所说的"六书"是"象形"、"象事"、"象意"、"象声"、"转注"、"假借",他认为此六者为造字之本。许慎所定"六书"的细目和次第与刘歆稍有不同:一曰指事,二曰象形,三曰形声,四曰会意,五曰转注,六曰假借。后世所谓"六书"都采用许慎命名的细目,而次第则依据刘歆之说。郑众也列举过"六书"的细目,是"象形"、"会意"、"转注"、"处事"、"假借"、"谐声",见于《周礼·保氏》注。其名称、次第又与刘、许不同,因为郑众只是随文作注,所以不为后世所采用。

《说文解字》是我国第一部运用六书分析汉字的专著。许慎认为汉字的字形结构可以分为两大类:一类是形体可以拆开的,一类是形体拆不开,或者拆开后不能独立成形的。例如:

三卷《言部》:"𥝢(说),从言,兑声。""啻,从口,辛声。"

八卷《儿部》：“兑，从儿，㕣声。”

三卷《辛部》：“辛，从䇂（干）、二。”

以上“说”、“言”、“兑”、“辛”都是可以拆开的字形。至于以上说解中提到的其他形体，就都是不能拆开的。如二卷《口部》：“口，象形。”“㕣，从口，从水败貌。”一卷《上部》：“二，指事。”八卷《儿部》：“儿，象形。”三卷《干部》：“干，从反入，从一。”①以上的“口”、“㕣”、“二”、“儿”、“干”都是拆不开或拆开以后不能独立成字的形体。许慎对于能拆开的形体就用“会意”或“形声”来解说（但说解中并不明言“会意”，而说“从某、某”、“从某，从某”；也不明言“形声”，而说“从某，某声”）。对于不能拆开的形体则指明“象形”或“指事”。

在《说文解字》中，凡用“六书”对字形所作的分析，指出其为“象形”、“指事”、“会意”或“形声”者，都有所依据，并不是凭一己之见以立说。在很多字的说解中，许慎都提出了自己的依据。如一卷《艸部》“折”下说：“从斤断艸，谭长说。”二卷《是部》“尟”下说：“从是、少，贾侍中说。”三卷《爪部》“爲”下说：“爪，象形也，王育说。”五卷《亏部》“平”下说：“从亏，从八。八，分也，爰礼说。”四卷《芈部》“芈（芈）”下说：“象形，官溥说。”三卷《卜部》“贞”下说：“一曰，鼎省声，京房所说。”三卷《用部》“用”下说：“从卜，从中，卫宏说。”六卷《帀部》“帀”下说：“从反㞢而帀也，周盛说。”十四卷《車部》

---

① 许说误，反入实未成字，“䇂”应象兵器形。

"轌"下说:"輄或从霝,司马相如说。"十二卷《亡部》"匄"下说:"逯安说,亡人为匄。"十二卷《耳部》"耿"下说:"杜林说,从火,聖省声。"七卷《晶部》"曡"下说:"扬雄说,以为古理官决罪,三日得其宜,乃行之。从晶,从宜。"等等。此外,引用《春秋传》、《韩非子》、《淮南子》、《秘书》的明文说解字形之处也很不少。虽然所引解说不一定正确,但是许慎必有所本,非出杜撰。这说明,在许慎之前,已经有很多人在用"六书"分析字形了。许慎作《说文解字》,是把前人的这些说法汇集起来,而用"六书"条例贯通其意,因而成为一部集大成的著作。

其后,郑玄注《三礼》,也用"六书"解说字形,只是有些字的解说和许慎不同。如说五卷《豐部》"豐"字云:"其为字,从豆,曲声",许慎则认为"从豆,象形。"郑玄说"槷"(yì,音艺)字云:"从木,熱省声",而许书六卷《木部》作"槸",云:"从木,埶声。"郑说"资"、"齎"二字云:"资齎同耳,其字以齐次为声,从贝变易",许则认为是两个字,不属重文。这说明在汉代,学者已经非常重视用"六书"来解释文字形体的指意了。所以许冲在《上〈说文解字〉表》中说:"自《周礼》、《汉律》皆当学六书,贯通其意。"汉魏之际,盛称许氏字指,就指的是许慎六书之学(见《魏书·江式传》)。

许慎对"六书"的细目有概括的解释:"象形者,画成其物,随体诘诎,'日''月'是也。""指事者,视而可识,察而可见,'上''下'是也。""会意者,比类合谊,以见指撝,'武''信'是也。""形声者,以事为名,取譬相成,'江''河'是也。""转注者,建类一首,同意相授,'考''老'是也。""假借者,本无其字,依声托事,'令''长'是也。"

从这些解释看,许慎把前四者作为字形结构的法则,这是正确的,也为后世所公认,无需多说。至于"转注"、"假借"则并不如此简单。

许慎只看到转注和假借是汉字使用中的两种现象,所以他在有关篆文下,从来没有作过"此转注"、"此假借"的分析。

在对"转注"的解释中,"建类一首"似指全书分五百四十部,每部建立一个部首而言。《说文解字·后叙》说:

> 其建首也,立一为耑。方以类聚,物以群分。同条牵属,共理相贯。

这几句话,正是对"建类一首"的具体说明。"同意相授"则指这些字的训义互相关联。从许慎所举例字来看,"考"在八卷《老部》,这就是"建类一首"。"老"字的说解是"考也","考"下说"老也",这就是"同意相授"。从古音看,"考""老"是叠韵,在语义上也可互通。如郑玄《周礼》注:"考,成也",而《诗经·荡》:"虽无老成人","老成"结合成一个词,则"老"也可以训"成"。又,尽天年叫"考终",也可说成"老死",称父为"考",也可呼父为"老";并且用作一切长者之称,如说"父老"。以此可证"考"与"老"实为一语的发展。

许慎谓"假借"是"本无其字,依声托事",这就是说,由于社会的发展,事物增繁,因此,需要在语言中反映这些新的事物,但是并没有另造新词新字,而是把旧的词汇赋予新的义项,也就是用旧词来引申代替。比如,秦汉以来实行新的郡县制,于是产生了"县令"、"县长"诸官,这是秦汉以来的新事物。县令、县长的"令"、"长"是本无其字的,而用命令的令①、长幼的长来作官名,这就是依声托事。

由于受时代的局限,许慎对于"转注"、"假借"的认识是有错误的,特别是他过分强调了《说文》分部建首的作用,是不符合语言发展的实际情况的。许慎建立部首,分别部居,创造了用偏旁编制字典的方法,这是一个很大的贡献。但是《说文》的这种编制并不完善,组织也不够精密,用以说明造字方法是不恰当的。

历来治《说文》者对转注、假借的解释,歧说纷纭,均未得其要旨。戴震、段玉裁以互训为转注,其说虽有助于同义词、字的研究,简捷易晓,但与造字的"六书"无关;朱骏声以引申为转注,虽有功于词义发展的考察,但已远离许氏本意,更与汉字发展无涉。直至晚近,章炳麟先生从语言学理论上提高了对转注、假借的认识,指出这是汉字发展的法则,从而阐明了汉语词汇发展变化的一些规律,打破了建首分部说的框框,把汉人"六书"理论发展了一大步,开辟了汉字研究的新途径,其功绩是不可磨灭的。

斯大林说过:语言的词汇对于各种变化是最敏感的,它几乎处在经常变动中②。词汇的发展变化有两种法则:一种是由于社会制度改变,或者由于生产、文化、科学等等的发

---

① "命"、"令"同源。"令"字读复辅音即为 pling,"不令"促读则为命。
② 见《马克思主义与语言学问题》。

展,需要创造新词来表达新的词义。这样产生的新词,必定是由某个语源派生的,也就必定沿袭其音读,因此,在语言上有同一语根派生若干新词的现象。从造字来讲,也就要循其声义,各为制字,这就是"转注"造字的法则。另一种是由于文字孳乳日繁,必须加以节制。新的词义产生了,但是义有引申,音相切合,可以利用旧有的词和字而赋予新的词义,不再制造新字。这样做,虽然没造新词、新字,也同样可以适应词汇发展的需要。从造字来讲,这就是"假借"的法则。章炳麟先生说:"转注者,繁而不杀,恣文字之孳乳者也。假借者,志而如晦,节文字之孳乳者也。二者消息相殊,正负相待,造字者以为繁省大例。"①这段话正是辩证地说明了造字的发展规律。

词是怎样从一个语源派生发展起来的? 又是怎样循其声义各为制字的?

例如:述说的说、阅读的阅、租税的税,即属同一语源的派生词字。首先从音读上看,这三个字都从兑得声,而且"说"字就同时兼有这三个音读,可见这三个字的读音在周秦是相同的。再从义训上看,三字也相通。三卷《言部》:"说,说释也。一曰,谈说。"而《诗经》毛传曰:"说,数也。"《荀子·劝学》:"诵数以贯之。"在《荀子》其它篇中"诵数"也作"诵说"。由此可知"说"和"数"在意义上是紧密关联的。述说的说,就是一件一件地陈述,也就是具数而件陈之的意思。《史记·留侯世家》记载张良在汉王面前陈述利害,张良说:

---

① 《国故论衡·转注假借说》。

"臣请藉前箸为大王筹之。"接着就用筷子列举了八条害处。这段记载非常形象地说明了"说"就是列数而述。"阅"的本义应训"简阅"①。十二卷《门部》:"阅,具数于门中也。"《左传·桓公六年》:"秋,大阅,简车马也。"《周礼·大司马》:"中冬教大阅。"郑玄注:"简军实也。"诸例用的都是阅之本义。古代简阅或在城内,或在庙内(皆见《左传》),可见简、阅都有在门中点查数目的意思。引申之,逐字览读也叫阅。再看税字。七卷《禾部》:"税,租也。""租,田赋也。"但是最初租与税是不同的。租是奴隶制社会剥削农奴的手段,税是封建社会剥削农民的制度。在奴隶制社会里,奴隶主对奴隶进行力役之征。《周礼·天官·小宰》:"听政役以比居。"郑玄谓政即征字,也就是《小司徒》、《旅师》中所谓的"征役",《大司徒》中所谓的"地征"、"薄征",亦即赵岐《孟子·尽心》注中所说的"征,赋也"。征役就是力役之征。租也就是殷商时代的"耡",是力役之征的田赋,是对农奴的劳动进行无偿的剥削。到了封建社会,农民要向地主交纳一定数量的谷物,这叫做税。春秋末年,鲁国"初税亩",就是开始依照土地的产量进行纳税。因此,"税"也有数目、计数的意义。《考工记·栗氏》谓栗氏为量,"概而不税"。意即制造了升斗之后,有了固定容量,如一斗容二万四千黍,以概栣平之,则黍数可知,不烦再去数黍粒了。可见"税"的最初含义也是数数儿。综上所述,可以断定"说"、"阅"、"税"三字同出一个语源,其

---

① 简为简阅字,今则通用检。检原为签押字。

词义的核心都是数。只是由于数数儿这个意义用于三种不同的情况,因而产生了三个义项,也可以说是一个语词因社会制度、文化、科学的发展变化而派生为三个不同的语词,并因而制造了"说"、"阅"、"税"三个字。

为从某一语源派生的新词制造新字,这是汉字发展的一条重要法则,也就是"转注"。

转注大体可以归纳为三种情况:

第一,因方言殊异或古今音变而制字。

中国地幅广袤,方言繁多,同样一个词在甲地这样说,在乙地却那样说,于是使用不同方言的人各自按照本地的语音造字,这样,一个词义就分成两个词两个字了。如"逆"和"迎"都训逢,但"关东曰逆"、"关西曰迎"(见二卷《辵部》),于是"逆"和"迎"就成了两个词两个字。又如十二卷《女部》:"蜀谓母曰姐,淮南谓之社。""姐"即祖字的音变,"社"虽非新造,但由此可知"祖"、"姐"、"社"是由于方音的差异而分化为三个词三个字的。

因古今音变而另制新字的,如十卷《夭部》:"夭,屈也。"夭音於兆切,而在唐人诗中已有读乌乖切的,如白居易《和春深》第二十首:"钱塘苏小小,人道最夭斜。"因此,又按乌乖切的音另造一个"歪"字,于是於兆切之"夭"与乌乖切之"歪"就成了二词两字①。又如十一卷《水部》:"潚,久泔也。"音息

---

① 其实 iau 与 uai 不过是介音与尾音互换,犹"舀"字在方言中也有 uai、iau 两读。

流切。引申为羹饭败坏。后世音变为所鸠切,因而又另制了"馊"字。

这类因空间或时间造成音变而制的文字,实质上是重复。

第二,因词义发生变化而制字。

由于社会的发展,人类的认识也由简趋繁,于是词义也随之而发生变化,并且因此而产生新词新字。这样产生的新词和旧词之间,在音义上是互相关联的。

如七卷《齊部》:"齊,禾麦吐穗上平也。象形。"

"齊"有两个义项:一是农作物。禾麦为农作物的总名,禾属众多,通言则黍稷稻粱都是禾属。但古代以稷为五谷之长,是古人主要的食物,因而析言则以"稷"或"齍"作为小米的专名①。又,盛在祭器里作祭祀用的齍、稷叫做"盛"。五卷《皿部》:"盛,黍稷在器以祀者也。"《诗经·甫田》:"以我齊明,与我牺羊。"毛传:"器实曰齊。"则直接把齊字用作盛字。由此可见"齊"、"齍"、"稷"、"盛"是由于通言析言有别或用各有当而繁衍产生的,它们在词义上有区别而又互相关联。

"齊"的第二个义项是齐剪。

农作物是劳动对象,为人工所培育,而非野生之卉草,培育过程中,有时需要芟翦使齐,所以《尔雅》以齐训翦。与"齐"意义相关联的有"屮"(隶变作"才")。六卷《屮部》:"屮,止也。从屮盛而一横止之也。"今人种植果木、蔬菜、棉花等,凡枝杈横生妨害成长的,必翦之使齐,"才"即指此。十四卷

---

① 七卷《禾部》:"齍,稷也。""稷,齍也。"齍、稷古双声,本一语之转。

《金部》："鈭"，"读若齐"，则又可知弟与齐古音相同。可见弟齐是一语之派生。又，齐有修翦义，因而有整齐义，所以吐穗上平谓之齐，这就又与剂字、剪字义相关联。四卷《刀部》："剂，齐也"；"剪，齐断也。"《尔雅·释言》也说："剂、翦，齐也。"剂、剪古双声对转，则齐字与"翦"、"剂"、"剪"也是一语的派生。至于农作物收获，则有"穧"字。七卷《禾部》："穧，获刈也。"由此可证，齐、弟、翦、剂、剪、穧也是义相关联而又有区别的。

又如七卷《宀部》："害，伤也。丯声。""害"即古割字。四卷《刀部》："割，剥也。"剥即裂开。割字《唐韵》音古达切（现在有的方言仍保留此音），则与"犗"字同一语源。二卷《牛部》："犗，騬牛也。"即谓割去牛马的生殖器。犗，《唐韵》音古拜切，《广韵》音古喝切，是割、犗音义都有关联。犗对转音有"劇"、"犍"。《一切经音义》引《通俗文》："以刀去阴曰犍。"《说文新附》有犍字，训"犗牛也"。又《广韵·狝韵》："劇，以槌去牛势。旨善切。"字又作"骟"。《旧五代史·郭崇韬传》："不唯疏斥阉寺，骟马不可复乘。"今即通用之。而《新五代史·郭崇韬传》作"至于扇马亦不可骑"，则以扇为骟字。又周公东征灭商奄，而《墨子》、《韩非子》记其事作"商盖"，知奄字 ɡɑi、ɡe 之音，并进而可知"奄人"、"阉人"也就是"犗人"。综而观之，则"害"、"割"、"犗"、"劇"、"骟"、"奄"、"阉"等都是同一语源的派生词，从造字来说则为转注。

以上各例都是由于适应社会生产发展的需要而产生的新词、创造的新字。

第三,为由同一语根派生的相互对立的词制字。

一切事物都包含着矛盾的两方面,并由此而推动事物的发展。词汇、词义的发展也符合这个法则。这就是说,客观事物的矛盾性必然要反映到语言上来,因而产生了词的界说和概念的差异,由一个语源可以发展成为两个互相对立的词。例如,"天"与"地","古"与"今","男"与"女","始"与"终",等等,都是两两居于对立面的词,而这些对立面的词又都是双声,可见是由同一语源派生的。这在语源学上称为"相反同根"。又如,"受"与"授","教"与"效","问"与"闻","买"与"卖",等等,这些彼此联结、互相依赖的对立的词,也是以声音为纽带的,在训诂学上称为"施受同词"。凡是依照"相反同根"和"施受同词"的法则来产生新词或制造新字也是转注。循是例以求,可以得出文字孳乳的规律。

例如"且"字。《墨子》:"自前曰且,自后曰已。"则"且"为反映事情未实现前的语词。从且声的字有"祖"。《尔雅·释诂》:"祖,始也。"则引申为开始义。另一方面,"且"字、"祖"字也反映了"终了"的意义。如从且得声的殂字,四卷《歺部》:"殂,往死也。《虞书》曰:'勋乃殂。'"又"殂"的古文作𣨜,《说文》谓"从歺,从作",而"作"也训始,如《诗经·采薇》:"薇亦作止。"毛传:"作,始也。""作"又引申训创造。如《世本》有《作篇》,记的就是各种工具的创造。由此看来,同是且字作字或从且从作得声的字,有的训始,有的训死。又如四卷《受部》:"𤔔,治也。读与乱同。"十四卷《乚部》:"乱,治也。"但从𤔔声的有"𤲬",三卷《攴部》:"𤲬,烦也。"此即紊乱字。𤔔篆书作𤔔,本象两手整理丝结,已具有紊乱和治理这两个对立的意义,因制亂字训治,造𤕝字训烦。

以上例证说明,一个语根同时反映了事物矛盾着的两个方面,因而由"相反同根"的规律产生语词,发展汉字。

再看由"施受同词"的规律产生新词制造新字的情况。

有些事物具有施予和接受这样两个对立的方面,这两个方面也是统一地存在于一个共同体中。例如"示"字,一卷《示部》说是"天垂象",也就是天上的日月星把光明照向人间,所以"示"有垂示的意思。但是人要用眼睛看才能觉察到日月星的光明,所以垂示和看视是一个现象的两个方面。八卷《见部》:"视,瞻也。从见,示声。"示与视是施受的不同,而且是同一语源的。又如八卷《人部》:"付,与也。"三卷《収部》:"奉,承也。"付与奉是取与的不同,而"琫"字在《礼记·少仪》中以"拊"为之,可知"奉"、"付"古本同音,这就证明二字乃同一语源,是因施受取与关系而发展的语词。

凡此"相反同根"、"施受同词"而产生的新词新字,也都是"转注"。

以上说的是转注造字的法则,下面讨论假借问题。

假借是以不造新字来标志新发展的词汇的方法。也就是词义发展变化了,不为它另造新字,而借用旧有的词和字来表示新生的词义。例如"西"本是为鸟在巢上栖止这一现象而造的字,所以十二卷《西部》说:"𠧧,鸟在巢上,象形。"𠧪是𠧧的省体,⊠象鸟巢。鸟在巢上则为鸟入巢息止之义,故

"西"的或体作"栖"。引申之，凡入幄息止都可以叫"西"。"东"字也是这样，六卷《东部》："东，动也。"即东字的本义是太阳出动的意思。而古人辨识自然界的方向首先是凭借太阳的出没规定东、西方位，以日出的地方为东方，以日没的地方为西方。如果按照"转注"法则，则表示东西方位的词，都应另造新字。而古人却借用表示鸟入巢息止的"西"为表示太阳入没大地之字，并进而用它作为方位词的"西"。

与上面所述"转注"的情况对照，显然转注是在繁殖汉字，而假借在节制汉字。两者相反相成，互相影响。在汉字的发展过程中，自始至终都存在着转注、假借的矛盾运动。

假借在节制汉字无限制地发展方面有两条规律：

第一，词义发展了，不另造新词新字，而是给旧词旧字增加上新义。这在训诂学上说，叫做"引申义"，以造字法则言，则谓之"假借"。这种假借是"本无其字"的，假借字表示的意义与该字原来所表示的意义是有密切关联的。这与本有其字的通借（通假）不同。通借即凡同音字都可以互相代替，根本与词义无关，这属于不用本字而用同音字代替的书写习惯，不是造字法的假借。

例如"物"字，最初只作颜色讲。如《周礼·保章氏》："以五云之物辨吉凶、水旱降、丰荒之祲象。"郑注："物，色也。"又如《诗经·六月》："比物四骊。"毛传："物，毛物也。"毛物就是毛色。"比物四骊"，就是按照马的毛色选择出四匹深黑色的马。《周礼》有校人之官，掌马，他把马按照毛色分成若干类，每一类叫一物。人类在认识客观世界时，往往是靠分辨事物的颜色来区别不同的事物。因此,所谓"万物"也可以说成"诸色"。后来佛家也谓物为色。这就是物字训"品物"、"事物"、"物质"意义的由来。既然物本是颜色,因而物与色又具有辨识和选择的意义。如《左传·成公二年》:"物土之宜而布其利。"意谓辨识选择土壤之所宜而播种适合的农作物(利指五谷,见《诗经·大田》)。因而后代把选择叫做"物色"。"物"原指色,而后又为辨识、选择义的标志,一词或一字而有多义,各义之间互相关联。意义发展了,不为之另造新字,这种现象就是假借。

第二,一个词的意义有时向着自己的对立面转化形成新的词义,对于这样产生的新义也不另造新词新字,仍用旧词旧字来表示,因而一个词有时具有互相矛盾、互相对立的两种意义,这也是假借。辩证唯物主义认为矛盾着的双方,依据一定的条件,各向着其相反的方面转化。词义发展的这种情况也符合这一条规律。例如:

十三卷《糸部》:"绍,继也。一曰,绍,紧纠也。"《尔雅·释诂》:"绍,继也。"成语有"克绍箕裘"。绍即紧密连续或继承的意思。但是《管子·幼官》说:"刑则绍,昧,断,绝。"这里"绍"字却指割断头颅的刑法①。

又如"独"字,《诗经·正月》毛传:"独,单也。"《礼记》也

① 绍、昧、断、绝四刑,绍是断头,昧即《公羊传》"昧雉彼视"之昧,何休注训昧为割,即今语"抹脖子"的抹,亦即自刎的刎字。断即刖刑,绝恐是宫刑。

说"老而无子曰独"。但十卷《犬部》："独,犬相得而斗也",既相得而斗,则非一犬可知。又独字与特字双声,特的意义与独相同,所谓"独特"、"特殊"都是个别突出的意思。而《诗经·鄘风·柏舟》"实为我特"的特,毛传却训为匹偶,是成双成对的意思。同理,"落"字在《尔雅·释诂》训始,而一卷《艸部》则云"凡草曰零,木曰落。"

还有的词,从它所表示的现象来看是相同的,可是所反映的内容却是对立的。如六卷《乇部》："乇,草叶也。"是孚甲脱落枝叶发芽之象。乇与箨古音同。一卷《艸部》："萚(tuò,音唾),草木皮叶落陊地也。"是皮叶脱落草木衰死之象。同是脱落的现象,可是前者包含初生义,后者包含衰死的意义。

词义在发展过程中,还有一种矛盾发展的规律,那就是在一个词一个字里本来就包含着对立着的两个词义。例如"乞"字就具有赐予、赠与和乞求两方面的意义①。《汉书·朱买臣传》："居一月,妻自经死。买臣乞其夫钱,令葬。"这个乞字就是赐予、赠与,也就是现在的"给"。"乞丐"一词,也同样兼有馈赠、给与的意思。《朱买臣传》："上计吏卒更乞丐之。"这是说朱买臣穷苦时,跟随上计吏的车到京都去,在路上买臣没有吃的,上计吏的兵卒就轮流供给他粮食。又如五卷《亩部》："稟,赐穀也。"稟字本指赏赐或供给的粮食,也当赏赐或给予讲,所以古代谓"赒济"为"赒稟"(见郑玄《周礼·

---

① 乞字本气字之隶变,而文献中以乞代氣字,以氣为云气之气。七卷《米部》："氣,馈客刍米也。《春秋传》曰:'齐人来氣诸侯。'"其后以乞为氣。

司稼》注）。同时接受、奉承也叫"稟"。如《左传》："稟命则不威。"稟命即承受命令。

从以上两个例子看，"给与"和"讨要"、"赐予"和"承受"都是一个事物中相互矛盾的两个方面，因双方共处于一个统一体中，所以彼此相通。义相反而字仍旧，从造字法说就是假借。

总之，假借虽不造新字，但充分反映了词汇和文字发展的规律。在假借的法则中，一条规律是由于词义引申，同一形体所表示的意义是互相联结、彼此贯通的；另一条规律是词义的矛盾转化，这样发展的词义是相反相成的。

总起来看，"六书"是汉字造字的法则，汉人提出这一理论，是揭示了汉字的发展规律和特点的。《说文》所收一万余字，"古"、"籀"、"篆"、"俗"，都可以用它来进行分析。自《说文》而后，字书蜂出，字数递增。宋初徐铉校定《说文》后附二十八字，说"左文二十八字，俗书讹谬，不合六书之体。"其实这二十八个字的字形，都可以用六书条例来解析。不仅如此，"六书"之说，实际上可以作为一切汉字字形分析的条例。例如，"伞"字始见于《广韵》。《上声·二十三旱》："繖，丝绫，今作繖盖字。"又说："伞，伞盖。"伞即繖的后出字。《御览》702引《通俗文》："张帛避雨谓之繖盖"，是伞为唐宋时的新字，象繖盖之形，即所谓雨伞。这是后起的象形字。

又如，"凹"、"凸"始见于《集韵》，古作坳突。十三卷《土部》"堪"字下说："地突也。"段玉裁说："突者，犬从穴中暂出也。因以为坳突之称，俗乃凹凸字。"今则泛指周围高中间洼为凹,周围洼中间高为凸。凹凸乃今指事字。

又十四卷《金部》有"锢"字,说解曰:"铸塞也。"即锅釜一类器物漏水,用熔铸锡、铅的方法塞住漏洞。后来用竹、木做桶而用竹篾绕紧使不渗水叫做"箍"。箍即锢的后出字。《广韵·十一模》:"箍,以蔑束物,出《异字苑》。"箍从手,从竹,从匝,是用会意条例制造的字。其它如门一为闩,小土为尘,不好为孬,亦属此例。

近代所造之字,采用形声条例的极多。如化学中氢、氧、氯、氰、氟、氩、氮、氦诸元素的名称,都是新形声字。

"转注"和"假借"这两条汉字发展的规律,也都贯穿在后代汉字或增繁或趋简的发展过程中。上面提到的伞、凹、凸、箍,实即按转注条例孳乳的新字。又如二卷《口部》有"吒"字,训喷,形容愤怒爆发,即"叱吒风云"之吒。《唐韵》音陟驾切。今谓物体因内部气体膨胀而突然破裂曰"炸",形容愤怒突发也用"炸",实即"吒"之孳乳。又一卷《示部》有"祝"字,训"祭主赞词",今则以祝为庆祝、祝贺字,又别制"咒"字为诅咒字。吒与炸,祝与咒,均为转注。假借也是如此。六卷《口部》:"圆,圜全也。"《墨子·天志》:"中吾规者谓之圆。"圆本指物体的形状。而近代则亦谓钱币之单位为圆,这是因为最初使用银币,而银币是圆形,所以用圆字之义引申为之(今用"元"字则系同音借用)。又如十二卷《门部》:"闸,开闭门也。"在河道上所设的可以启闭的门叫闸门。因为闸门可以止水,所以近代又借用来称止行之具,如车闸,或启闭电流之具,如电闸。又如省市的省,原指中书省。中书省在魏为最高官署,元代以中书省分领百官,掌握军政大权,是中央最高权力机构。地方行政亦由中书省掌握,全国除京师附近地区直属中书省外,其余地区设"行中书省",简称"行省"。今省字作为官署名称的意义已不存在了,仅作区划的名称,但不另造新字而依声托事,也就是假借。

转注和假借,是又对立又统一的两个方面,汉字按照这个规律发展变化着,以适应社会发展的需要,二者不可缺一。只有假借而无转注,则一字多义、字同词异的现象就会大量存在,影响文字的使用、思想的交流;只有转注而无假借,则字数繁衍,毫无节制,又增加辨识、书写的困难。只有二者并行,此消彼长,才能使汉字字数长久保持相对的平衡。从这个意义上,我们不妨说,懂得了转注和假借的道理,也就是掌握了汉字发展史中的辩证法。

四、关于笔意与笔势

许慎为了准确地分析汉字字形的结构,揭示出一条字形发展变化的规律——笔意与笔势。什么是笔意呢?许慎认为最古的汉字,它的字形结构,保存了造字的笔画意义,叫"笔意"。《说文解字·叙》说:"(古文)厥意可得而说。"意即笔意。北齐颜之推在《颜氏家训》里提出,许慎分析文字是用笔意解释字形的。他说,"若不信其说,则冥冥不知一点一画有何意焉。"什么是"笔势"呢?汉字的形体是不断变化的,笔画日趋约易,加以书法取姿,致使原有的笔意漫漶不明,已不能分析它的点画结构有何意义了,这种字形叫"笔势"。

在《说文解字》中,有的正篆下面对字形没有作出任何解释和分析,仅说明"从古文之象"、"从古字之象"、"象古文之形"、"从古文省"等等。这是许慎认为这类篆文已成为笔势,应由笔势推索其笔意,根据古文解释其字形,厥意始可得而说。例如:

  十二卷《民部》:民 从古文之象。𥝂 古文民。

民是奴隶社会中从事生产的奴隶,在奴隶制的殷商叫"畜民"(见《尚书·盘庚》)。古代奴隶的来源大部分是战争中的俘虏,古文即象俘虏被捆缚牵系之形;由俘虏转为从事生产的工具,为防其逃跑,仍日夜綫缚奴隶的双脚,由𥝂变𣏟即由俘虏转为生产奴隶的形象。钟鼎文字作"𣏟",与《说文》古文极相似,是从女象械双足之形。𣏟是古文女字,女即古奴字,女古音念奴。在氏族社会后期,女子已降为奴隶,故十二卷《女部》中的"嬾"(怠工)"嬝"(不听从指使)字皆从女,可看出当时女子的地位。由此推其字形,𣏟为笔意,𣏟变为𣏟,再工整笔画,则变为民,已成笔势,民字的笔画演变过程,就非常清楚了。

  三卷《革部》:革 象古文革之形。𦥑 古文革。

"𦥑"象全剥鸟皮羽毛之形。上象鸟头(丫与桑头同,象鸟头张口形),中象鸟翼(纟),下象尾(十与𠦝从十同)。《尔雅·释天》:"错革鸟曰旟(yú,音于)。"郭璞注:"合剥鸟皮毛置之竿头。"晚周以"旗""旂"为军旗,说者谓"鸟隼曰旟,龟蛇为旂"(《诗经》中屡见)。这可能是氏族社会遗留下来的标帜(图腾),后来也用于战争。旟旗绣绘鸟隼,所以在旗竿头上剥鸟革作装饰。革引申训翅翼。四卷《羽部》有"翮(gé,音革)"字,训翅。"翮"即"革"的后出字。《诗经·斯干》:"如鸟斯革。"毛传:"革,翼也。"因而剥去兽皮,去毛治皮也叫"革"。今天所谓"皮革",即革字引申用法。由此可知,"革"是最初的纯象形字。由革变而为"革",再约易为"革",则成笔势。

　　五卷《弟部》:韋(弟)　　韦束之次弟也。从古文之象。弟　古文弟。从古文韦省,丿声。

三卷《革部》有"䩅"字,说:"生革可以为缕束也。"有"鞏"字,说:"以韦束也。《易》曰,鞏用黄牛之革。"知革与韦同。古用韦革缠束器物,使器物巩固耐用,并华丽美观。《诗经·小戎》:"五楘梁辀。"辀是车靶,梁为靶上横木(辀以单木为之,梁下设"輗"驾马)。毛亨说:"楘,历录也。一辀五束,束有历录。"历录是韦革依次弟缠出美丽的花纹。因此,韦束有两个义项:一是次弟,八卷《欠部》"次"字从二。后来人之同辈老二以下才称弟。也用在数目字前面作"序数",如"弟一""弟二""弟三"等。二是美丽,《诗经》屡见"岂弟",训明(亦见《尔雅·释言》),明即美丽(今语犹有"漂亮",亮即明)。由此可知,弟从韦省,古文韦作"韋",省作韋。其实古文韦已是笔势。丿声是标音,同时也反映了弟字的意义。十二卷《丿部》:"丿,抴也。明也。"丿音余制切。《诗经》"兄弟"音 dì,

"岂弟"音 yì，是岂弟之弟音义与丿相贯。根据《说文》的说法，"弟"是笔意，而"肃"则小篆笔势取姿。

三卷《隶部》：隶（隶） 附著也。从隶，柰声。隶
篆文隶从古文之体。

隶即奴隶的正字。《左传》说人有十等，其中"舆"、"臣"、"隶"、"仆"、"台"都是奴隶。郑玄《周礼注》："隶给劳辱（髒）之役者。"古代有司隶之官，最初是监督奴隶修路淘沟的工作的。隶从隶，隶本音 dài，即逮捕的逮字。三卷《隶部》："隶，及也。从又，从尾省。又持尾者从后及之也"，则隶是捉捕的罪犯或俘虏。正篆是古文，重文是小篆，小篆㞢讹为"出"，也属于笔势之变。

四卷《乌部》：乌（乌） 孝乌也。象形。乌 古文乌。象形。乌象古文乌省。

"乌""於"同字。古文作乌，象乌鸦飞翔空间，篆文趣于约易，省作乌，也是笔势。可证《说文》凡言"省"的，都是笔势之变。

许慎认为小篆是由古文省变而来的，所以屡言"从古文×省"、"象古文×省"，或言"从古文之象"、"象古文之形"，都是指明这个小篆的形体已由笔意变成笔势，应由现存笔势推迹古文，笔意才"可得而说"。

《说文解字》中也有该注明而没有注明"从古文之象"等字眼的，但根据它对字形的分析和对字义的解释，可证明应注明是"从古文之象"。例如：

七卷《白部》：白　西方色也。从入合二。𦥑古文白。

古颜色字多从实物中取象。所以𪐗（黑）象火焰经过灶窗所积留下来的颜色；朱（朱）是树木的内心颜色；炙（赤）为火光燃烧炽盛的颜色。清人朱骏声《说文通训定声》说："白象日光。"其说甚确。造字者以日光表示白色，虽不合乎光学原理，但我们也不能以物理科学严格要求字形。在古代语言里，白字训为太阳的光线。《庄子·徐无鬼》："虚室生白。"司马彪注："白，日光所照也。"《汉书·贾谊传》："通都白昼之中。"颜师古注："白昼，昼日也。"现代汉语亦谓昼日为白天。白字从人（入），即象日光普照大地，很形象地表现了光线射地之形。入与内古双声，实即同语。"内"从入照射及冂，冂（冂）即圹野大地。"日"与"入""内"亦同音。二卷《彳部》"復"（古退字）或体作"衲"，是"内""日"同语之证。《左传·成公十六年》说："姬姓，日也，异姓，月也。"周人姓姬，是以姬姓表识氏族内部，故言日，楚国异姓是外族，故言月。由此可证"日""入""内"实即一字的变易。不过入象日光，日象日形而已。白字既取象于日光，故从入。"二"象空间（十三卷《二部》中从二的字多表空间）。上边一画象天，下一画表地。说白的字形不云"从入从二"而云"从入合二"，合有聚集义，表示日光聚集，包括在空间之内，则入合二之象，是依据古文"𦥑"的字形来说解的。故白下说解如果是"白，从古文之象。𦥑，古文白，从入合二"，就和其他说解一致起来，而且𦥑为笔意，白是笔势省变的意思也就更明了了。段玉裁《说文解字注》没有弄清楚"从入合二"之说,改篆为"仐",甚谬。

当然,由于种种局限,许慎所指出的笔势难免有错误的地方。如十四卷《酉部》:"酉,象古文酉之形。丣,古文酉。"实际上,酉与丣是两个字,许慎弄混淆了。这些都是需要我们进一步研究的地方。

由笔势推寻更古的笔意,这是解释汉字结构的一个重要方法。如果我们运用这条法则,不但能更正确地了解许慎对汉字字形的结构和字义的解释,并且可以纠正他分析字形的谬误。例如:

八卷《衣部》:仌 依也。上曰衣,下曰裳。象覆二人之形。

"覆二人"的说法,实在无法理解,段玉裁改字形作"仒",尤属荒唐。古代上衣下裳,中系鞶带。故衣皆短衣(除"深衣"外)。衣字象上部短衣,应作"仚",象两袖合襟之形。《盂鼎》作"仚",《吴尊》作"仚",都象上衣形。惟卜辞作"仌",《颂鼎》作"仌"与《说文》的篆文相似,已成笔势。

四卷《自部》:自(自) 鼻也。象鼻形。

"皇"下云:"自读若鼻。"是自与鼻音义皆同。古称鼻、自曰"准",《史记·高祖本纪》说刘邦"隆准"。李斐说:"准,鼻也。""隆准",今天叫"高鼻梁"。晋灼引秦始皇鑪目长准为证,亦谓准为鼻。臬字从自,亦训"射准的",是"自""鼻""准"三字古通用。惟"自"何以象鼻形? 上有三权,中有二横,不知其取象。契文作👄、👄、👄、👄诸形,亦颇相似。因怀疑自本以"凵"象鼻形。因以👄注明,说明凵形在口上,最初可能作"👄",篆文书写紧凑,因而变为"👄",也是笔势。(至于契文诸形尚不可解,以俟来哲。)

同时也应当看到另一个方面,文字毕竟是语言的符号,不是绘画,如果要求图画文字毕肖毕象,或强调一笔一画尽皆有意,势必辗转生说,穿凿附会。"分理别异"是造字的大法(见《说文解字·叙》),"分理"指文字不同的结构(理是点画结构),别异是辨别客观不同的事物。就是说文字用不同的点画结构制成符号,来分别标识客观的不同事物。例如"羊"(羊)画四条腿,"半"(牛)画两个肩膀。"鸟"(鸟)画眼睛,鸟(鸟)不画眼睛。以"口"为圆形(员从口声,知口古音圆),以匚为方形(十二卷《匚部》诸字多指方形器物)。这就是用不同的结构标识不同的事物方法。若过分强调点画的意义,则"米""釆"(即番字,所谓兽脚的痕迹)其中的十字标识什么物象呢? 它什么也不标识。不过是在字形中间画个十字,使方块字笔画分布匀整而已。又如"畗"字本象谷仓丰满(此古富字),又作"畗"("良"从畗省,知畗又作畗)。是十与一皆指仓库丰满充实,十与一无别。又如"正"(正)或作"正","岽"彝铭作"岽",是一与二无别。因此,分析字形,既要重视笔意笔势的规律,又必须注意造字时"分理别异"的法则,不然,纠缠于一点一画的意义,一直一横的作用,就会导致把形体之学弄得支离破碎,随意妄说的地步。像清人王筠的《说文释例》,其中不少解释象形的地方,就犯了这种错误。

笔意与笔势是汉字字形发展变化的规律。自篆书以后,隶、草以至正楷无不变为笔势。如八卷《皃部》"[illegible]"是或体弁字,汉隶变为"亓",后正楷写作"卞"。又"釁"字,章艸以"[illegible]"代之,而楷书写作"亹"。又如"[illegible]"、"[illegible]"、"[illegible]"、"[illegible]"四字笔意可得而说,楷书变为"奉""春""泰""春",上皆作"𡗗",则为笔势从权。"[illegible]""[illegible]""[illegible]""[illegible]",事物不同,各依形态;楷书变为"燕""魚""鳥""然",下都作"灬",已不知其意。总之,笔势嬗变是汉字普遍现象。许慎在《说文解字·叙》曾列举当时以隶书说字形,如"马头人为长"①、"人持十为斗"②、"虫者屈中也"③、"苛之字止句也"④等等奇谈怪论,认为是"未尝睹字例之条"。字例之条就是笔意与笔势。可见不明笔意笔势的规律而误解字形字义的现象,早自汉已经存在。

---

① 九卷《长部》长,古文作"[illegible]",汉隶变作"镸",认为"[illegible]"为马之省,下从人,所以说"马头人为长"。

② 斗是古代舀液体物质的勺子,后以为量器。金文作"[illegible]"(釁肚鼎)作"[illegible]"(眉姝鼎)皆象形。十四卷《斗部》作"[illegible]"已成笔势,汉隶写"[illegible]"(今楷书作斗),说者解为[illegible]持十,所谓人持丈量之器(因为隶书,造成古书上升斗的混乱)。

③ 虫是屈伸动作的动物,如蚯蚓爬行由中部屈伸,因谓汉隶"[illegible]"为中字的弯曲。

④ 《汉律》有一条罪状叫"苛人受钱"。汉隶"苛"字作"[illegible]",案汉隶艸止二形皆作"[illegible]",如"[illegible]"与"[illegible]"上同形(前上从"[illegible]",草上从"艸"),所以把苛字分析为止句。止句就是拘留,拘留人向人要钱,即解放前的土匪绑票。

五、《说文解字》标音的方法

许慎在《说文解字》里,对汉字的读音问题,作了两种处理:第一,用形声系统说明造字的音读。第二,用"读若"拟出汉代人的读音。

(一)许慎对《说文解字》所收的形声字都标明"从某某声",从而形成了一套完整的形声系统。形声字是由"主谐字"与"被谐字"组成的。如八卷《人部》:"仞,从人,刃声。""刃"是主谐字,"仞"是被谐字。主谐字即标音的字,被谐字就是形声字。如果把"刃"字看作一个标音符号,可以在《说文》里再找到用"刃"标音的"牣"、"訒"、"朸"、"韧"、"忍"、"汄"、"纫"、"韧"等字。把主谐字和被谐字系联起来,就是汉字的形声系统。清代很多人作过这种工作,其中严可均的《说文声类》比较完整而有系统。

但由于汉字音读隐晦,在未制定"音符"以前,不可能从音素和音质上得出正确的音读。况《说文》所收的形声字,距今已远,若不推迹古音,旁综方语,很多字的标音是无法理解的。比如,用"果"字作标音符号,只有"裹"、"猓"、"蜾"这三个从果声的形声字唐人音"古火切",今音 guǒ,与"果"的读音相同,此外读音都有差异:裸,从果声,唐人已读"古玩切"(guàn);猓,从果声,唐人音"乌果切",今音 ē;裸,从果声,唐人音"郎果切",今音 luǒ;敤,从果声,唐人音"苦果切",今音 kuǒ;"鯬"、"踝"、"稞",三字从果声,唐人音"胡化切",今则

"踝"音 huái,"稞"又音 kē(指青麦,与《说文》义异);"窠"、"颗"、"髁"、"课"四字都从果声,唐人"课"、"髁"音"苦卧切","窠"音"苦禾切","颗"音"苦惰切",今音"髁"、"颗"、"窠"三字都念 kē,"课"念 kè。由以上从果声的形声字的读音来看,声读的变化非常显著。为了进一步弄清楚形声标音的实质,下面把形声字的标音和今音的异同,概括为三种情况来说明:

1. 主谐字与被谐字之音完全相同。例如:

禮　从豊声。"禮"、"豊"唐人都读"卢启切",今音都念 lǐ。

珌　从必声。"珌"、"必"唐人都读"卑吉切",今音都念 bì。

这是正常现象。形声本是用主谐字标识被谐字的音读的,读音应该相同。

2. 主谐字与被谐字的音不完全相同。这又有三类情况:

〔甲类〕

禧　从喜声。唐人"禧"音"许其切","喜"音"虚里切"。今音,"禧"念 xī,"喜"念 xǐ。

溜　从留声。唐人"溜"音"力救切","留"音"力求切"。今音,"溜"念 liù,"留"念 liú。

以上两例,是主谐字与被谐字的读音存在声调的差异,而声韵完全相同。平上之分,始于东汉末世;去入有别,盖在梁陈之间。形声字标识音读时代,决不苛求四声。至于"无为"(wéi)、"相为"(wèi)音读有分,"相与"(yǔ)、"干与"(yù)

音读有异,则是晋唐注释家所拟的音读,是四声成立之渐,也应属于古今音变的现象。

〔乙类〕

裸 从果声。唐人"裸"音"古玩切","果"音"古火切"。今音,"裸"念 guàn,"果"念 guǒ。

玭 从比声。唐人"玭"音"步因切","比"音"毗至切"。今音,"玭"念 pín,"比"念 bì。

以上两例,主谐字与被谐字韵母不同(仅韵尾不同)而两音双声。清人考订古韵,多依据《诗经》的押韵。但韵文用韵,往往与形声字不甚吻合。比如十四卷《子部》:"存,从子,才声。"十三卷《土部》:"在,从土,才声。"存与在是同音的变易字,无可置疑。而《诗经·出其东门》"存"与"门"、"云"谐韵,考古韵者注意到这种现象,于是把"存"入于古痕部,把"在"归入哈部,仅保留了"存"、"在"的双声关系。

〔丙类〕

祥 从羊声。唐人"祥"音"似羊切","羊"音"与章切"。今音,"祥"音 xiáng,"羊"念 yáng。

薉 从歲声。唐人"薉"音"於废切","歲"音"相锐切"。今音,薉字变作"秽",念 huì,同音的还有"濊"、"喙"、"翽";"歲"念 suì。

以上两例,主谐字与被谐字的声母不同,而古为同韵。

《说文解字》形声字的标音之所以出现上述乙、丙两类现象,而是由于古代方音的歧异。考古代谐韵之文中,字的音读常有差异。我们从中不难找出方音异读的明证。如"龙"

字,《诗经》"龙"与"松"、"童"押韵,而《楚辞》则以"龙"韵"游",正反映了战国时代方音异读的状况。今福州方音"歲"念 he,是"薉"与"歲"声母无别,本是一音。《说文·叙》说,六国之时,"言语异声,文字异形"。据此,我国古代使用汉语的区域,方音歧异,已成普遍的现象。今欲考明汉字音读,就必须广集方语,审核音读,这样,对我们了解形声字的标音是会有很大的帮助的。

以上三类是古今音变的现象,实际上是符合形声字的标音原则的。

3. 主谐字与被谐字的音完全不同。例如:

配　从己声。唐人"配"音"滂佩切",己音"居拟切"。今音,"配"念 pèi,"己"念 jǐ。

弼　从西声。唐人"弼"音"房密切","西"音"他念切"。今音"弼"念 bì,"西"念 tiàn。

以上两例,"配"与"己","弼"与"西",不但声、韵毫无相似之处,也不符合古今音变的规律。段玉裁说,"己非声也。当本是妃省声,故假为妃字。又别其音,妃平,配去。"其实"妃"亦从己声。段氏又改"妃"为从女,从己。说曰:"以女儷己也。"这种主观臆测,往复窜改,是段氏《说文注》的缺点。王念孙则认为:"'妃"、'配'、'肥'(四卷《肉部》肥从[illegible])三字从'[illegible]'(王氏臆造的篆文),不从己。《说文》当别有'[illegible]'字偏旁部首,读若飞。若'[illegible]'、'[illegible]'、'[illegible]'等字皆从此增省。今缺,不可考矣。肥字亦当谐[illegible]声,不当从[illegible]也。"(见王念孙批改

《六书音韵表》手稿。又《稷香馆丛书》中《说文段注签记》"肥"下云："注当作从肉己声"，"配"下云："己声不误。"）王氏之说更是毫无依据，凭空捏造。由此也可以看出这些古音学家由于缺乏历史唯物主义理论和现代语音学知识，对于这类形声字的标音是无法解决的。

其实，这种标音正反映了汉字一字多音的特点。从《说文解字》中"读若"看，这种现象很多。三卷《昍部》："昍，读若戢，又读若呶。"①三卷《㕥部》："㕥，读若三年导服之导，读若沾，一曰，读若誓。"②七卷《囧部》："囧，读若犷，贾侍中说，读与明同。"这样的例子举不胜举。一字多音的现象，多数于初文（没有标音的形体）有之。这种初文在标识语言时，往往一形数用。从形体上看，有些初文并不只标识一种事物，如一个"𣄴"形，在五卷《𣄴部》为城郭的郭字，在十三卷《土部》又作墙墉的墉字（十三卷《土部》："𣄴，古文墉"）。一个"彔"

---

① 《说文》三卷部首"昍，众口也。读若戢。又读若呶。"此字形读两个音，也代表两个词。"读若戢"则以昍为咠字。二卷《口部》："咠，聂语也。"《毛诗诂训传》咠训"口舌声"。咠即今语"唧唧喳喳"的唧字。"读若呶"，则以昍为古呶字。二卷《口部》："呶，欢声也。"呶又同怓。十卷《心部》："怓，乱也。"呶、怓即今语"吵闹"的闹字。此说明"昍"读两音，也代表了"唧"、"闹"两个词。

② 三卷《㕥部》"㕥"字本象舌形。"读若誓"，即以㕥为古舌字（誓、舌古同音）。"读若三年导服之导"与"读若沾"是一个音两种标识法。导服《仪礼》今文作"禫"。"禫"字古读为"导服"，此古字重音之证（-m变为服）。以重音拟之则念"导服"，用单音拟则念"沾"，其实一也。㕥又训"以舌取食"，则即今语的"舔"字。是㕥读两个音，也代表了"舌"、"舔"两个词。

形,八卷《人部》以为古文保字,十四卷《子部》又以为古文孟字。一个"⊗"形,四卷《玄部》以之为古文玄,十四卷《申部》又以之为古文申。再从许慎的说解来看,一卷《屮部》:"屮,古文或以为艸字。"五卷《丂部》:"丂,古文或以为亏字,又以为巧字。"七卷《日部》:"鼎,古文以为顯字","或以为繭"。由此可证最初汉字的一个形体可以标识几个语词。形体方面既是如此,在读音方面初文一字代表不同的几个音,用为几个语音的符号,自然也是可以理解的(这与后来一字因义项不同而读音不同的现象有所不同,比如"食"训吃,音 shí;训给人吃,音 sì。此种现象是按照语音的规律变化的)。我们用古字一字数用、一字数音的现象来解释这类形声字的标音,是比较适当的。

即如"己"字,可以认为最初就具有 jǐ 和 fēi 两个音读,以jǐ 音来标音,则有"忌"、"记"之读;以 fēi 来标音,则有"妃"、"配"之音。《集韵》的"妃"兼收在《微韵》和《之韵》。《微韵》:"妃,芳微翻",《之韵》把"妃"字列为"姬"的异体字,音"居之翻",则"妃"、"配"从己声,更不必置疑了。至于"弼"从囟声,三卷《仌部》"囟"、"囟"是重文,"囟"又读若誓,在古韵与弼同部,应属于上面丙类的现象。

(二)许慎用"读若"比拟汉代的音读。汉字是方块字,音读隐晦。而且古今音变,方音歧异。所以汉代的注释家必须加上一番注音工作,用以确定当时字音的标准读法。许慎作《说文解字》,除用形声系统阐明造字的声音系统外,注明当时标准音读,也是字书一个重要的组成部分。

"反切"方法来源于印度的佛典,所谓"他山之石,可以为错"。用这种方法标音,始于三国时代魏人孙炎作《尔雅音义》以分析字的声韵,这以后我国才开始有"韵书",在方音复杂的情况下制定出中国的标准音读,建立了汉语的语音科学和审音科学。当许慎作《说文》时,还没有反切,不能不用汉代注音方法"读若"来拟音。南唐徐锴作《说文系传》,朱翱替他注音,朱说:"当许慎时,未有反切,故音'读若',此反切皆后人所加,甚为疏朴,又多脱误。今皆改易之。"自《说文音隐》,《说文》始有反切注音,书见《隋书·经籍志》。朱翱所说"此反切皆后人所作",似指《说文音隐》而言。

读若的拟音方法,既不能作出音素的分析,又很难准确,究竟不是审音的好方法。因此,许慎用"读若"拟音采用了多种形式:

1. 用一字拟音

一卷《示部》:祤　读若筭。

五卷《鬯部》:䰞　读若迅。

一卷《示部》:"祤,明视以筭之。读若筭。"既用"筭"说其义,又以"筭"明其音,"祤"即古"筭"字。此用今字拟古字之音。五卷《鬯部》:"䰞,列(烈)也。读若迅。"鬯即酒,迅烈同义(后世犹言"迅雷烈风",即暴风雨),此说解言䰞为酒味迅烈之义,酒烈则味辛,是䰞即辛辣正字。

2. 用俗语注音

一卷《示部》:纛(cuì) 读若春麦为纛之纛。

三卷《言部》:该 读若中心满该。

三卷《攴部》:"敊,小春也。"敊即"春麦为纛"的本字。当时俗语敊与纛音同,故许引用以说音。"满该"即今语的"饱嗝儿"。《广雅·释言》作"餏",云"餏,餉也"。餉即噎字,今语谓之"噎嗝儿"(yē gér)。高诱《淮南子·俶真训》注:"垓读如人饮食太多以息上垓之垓。"垓就是"满该",也就是"饱嗝儿"。因为俗语是当时口头上常说的,人所易晓,许慎用以比拟音读也不失为较好的方法。

3. 用方言注音

十二卷《卤部》:𪉟 读若沛人言𪉟(从段改)。

八卷《旡部》:㒫 读若楚人名多夥。

段玉裁说:"沛郡鄋县,字本作鄋,其土音读'在何切'(cuó)。𪉟之读如此。""楚人名多夥"是楚语用夥形容多,形容"了不起"(《左传·桓公五年》:"社稷无陨,多矣。"《左传·成公十六年》:"我若群臣辑睦以事君,多矣。"这两处多字都有"了不起"的意味)。《史记·陈涉世家》:"夥颐!涉之为王沉沉者!楚人谓多为夥,故天下传之。"其实"夥颐"是惊叹词,所以《索隐》说"惊而伟之"。许慎收集了方言材料,用方言以说字义,并且用方言注音读,这也是《说文》的特点之一。

4. 用成语注音

一卷《玉部》：珡　读若《诗》曰瓜瓞菶菶。

七卷《宀部》：寁　读若《虞书》曰寁三苗之寁。

引用《诗》、《书》成语拟音，多数是用原字注音读。汉字每因义项不同，读音也不同，用古书成语实际是利用古书中成语音义都较固定的特点而就义定音。清人陈寿祺说："字包数音，音包数义。故举经典习见之文以证之，即字止一音一义。"

5. 以义明音

十二卷《女部》：嫚　读若蜀郡布名。

五卷《食部》：鯢　读若楚人言惠人。

黄侃先生说："蜀郡布名字当作'繐'。"十三卷《糸部》："繐，蜀细布也。"唐人音"详岁切"（suì）。这里是用繐音嫚。朱骏声《说文通训定声》以"惠人"是惠人时的感叹词，"有声无字"。至于楚人惠人声究竟如何发音，现在就无从知道了。可见"读若"不是审音的好方法。

另外，汉字标识音缀，一般认为汉字一个形体只能标识一个完整的单音缀。晚近章炳麟先生根据《说文》复音缀的单纯词，认为有一字标识两个音缀的现象，因成《一字重音说》（在《国故论衡》中，全文见后附录），在汉语语言学史上提出了一个新的课题，就是汉字是怎么标识音缀的？他说，"中夏文字率一字一音，亦有一字二音者，此轶出常轨者也"。他首先举出汉人以"读若"注音的例子，说高诱《淮南子注》二字读三音,是古代一字重音的确证。案《淮南子·主术训》说,"赵武灵王贝带鵔鸃而朝。"高诱解:"赵武灵王……以大贝饰带,胡服。鵔鸃读曰私鈚头,二字三音也。曰,郭洛带私鈚钩也。"①《战国策》、《史记》、《汉书》都记载了这件事。《战国策》作"师比"②,《史记》作"胥纰"③,《汉书》作"犀比"、"犀毗"④。可见高诱的读音是依据《战国策》、《史记》、《汉书》的。今人考中亚语有"seobi"这个词,可证"师比"、"胥纰"、"犀比"、"犀毗"和"私鈚"都是 seobi 的译音。淮南王书用"鵔"绎 seobi,则鵔兼读私鈚两音,其说甚为确凿。

其次,他大量收集了《说文》的双音缀单纯词。如《诗经》的"蟋蟀",《说文》作"蟋";《易经》的"蚳蠪",《说文》作"蠪";《山海经》和《鲁语》的"僬侥",《说文》作"僥";《神异经》的"獬豸",《说文》作"廌"等等。他认为"蟋"、"蠪"、"僥"、"廌"等字,皆一字重音。另外,《春秋》、《左传》的"邾",《公羊传》作"邾娄",《左传》的"越",《荀子》作"於越",也是一字重音的现象。

章氏提出的汉字标识音缀有一字重音的特别现象,我国

---

① 高诱注原作"郭洛带位銚镝",文义不可通。清人孙诒让说:"疑当作'郭洛带私鈚钩'也。"今据改。《史记索隐》张晏说:"郭落,瑞兽名也。"郭洛即郭落,郭洛带是用郭洛皮制成的革带。

② 《战国策·赵策》:"武灵王……胡服衣冠、贝带、黄金师比。"

③ 《史记·匈奴传》:"黄金胥纰。"《索隐》引延笃说:"胡服带钩也。"

④ 《汉书·匈奴传》:"黄金犀毗。"师古注:"犀毗,胡带之钩也。亦曰'鲜卑',亦曰'师比',总一物也。语有轻重耳。"

的语言学者非常重视。有人用比较语言学方法进行研究,从汉泰语系作出比较。鉴于泰语有 kl、pl 等复辅音声母,认为古代汉语也有复辅音声母。比如"孔"字,泰语念 klong,古汉语也念 klong,这种复辅音,到了秦汉以后变成双音缀词,后来用"窟窿""篛笼"来标识这个词。又如三卷《聿部》说"秦谓之'笔',吴谓之'不律',楚谓之'聿',燕谓之'弗'。"是古代笔字是复辅音的声母,念 pli,后变为"不律",成为双音缀词。古书记载的人名、地名中这种情况也很多,如《春秋·桓公十二年》:"盟于谷丘。"谷丘是齐国地名,《左传》:"盟于句渎之丘。""句渎"即"谷"。《左传·僖公二十四年》之"寺人披",《僖公二十五年》作"寺人敦鞮。"一个人名,去年写"披",今年就写成"敦鞮",也是或以一字读二音,或写成双音缀①。

另外,看一看外来语的译音,也可以证明这一点。中国翻译梵文的佛书比较早,梵文词有不少复辅音,如"婆罗门"是梵文"Brahmana"的译音,Bra 是复辅音,又用两个汉字译音。这种情形,正如古汉语复辅音的词,或写一字,或作两字,不能统一。

就现代汉语来说,也有一个"鼻辅音"的韵尾变成一个独立音缀的,如"寻"字,《广韵》收入《侵韵》,但今之北京音已不存在-m 韵尾,可是北京土语把"寻"念成 xué·me。又如"鳎"字,十一卷《鱼部》已录入,作鱼名。生物学叫"鳎鱼",《广韵》"鳎"入《盍韵》,是读-p 韵尾的,《中原音韵》已无入

---

① 今山西交城仍有复辅音,这是古汉语遗留下来的仅有的活的例证。

声,更没有-p韵尾,可是北京话把"鳎鱼"叫"tǎ·me yú"。又如"眨"字,《广韵》收入《洽韵》,也是读-p韵尾的,现在读zhǎ,可是北京话把"眨眼"说成"zhǎ·m yǎn"。又如"壁虎"俗叫"蝎虎子","蝎"在《广韵》中是收-t韵尾的,"t"是舌尖中辅音,它的全浊声是"d",而"d"又可变为同部位的"l",所以北京土语叫 xiē·le hǔ·zi。

由复辅音变为两音缀之说,虽与章氏《一字重音说》有所不同,但却相得益彰,也从而丰富了章说的内容。汉字的标识音缀,也是与标音方法有关的一个重要问题,故略述之。

〔附〕章太炎《一字重音说》

中夏文字率一字一音,亦有一字二音者,此轶出常轨者也。何以证之?曰:高诱注《淮南·主术训》曰:"鶏鶋读曰私鈚头,二字三音也(按私鈚合音为鶏,谆脂对转也。头为鶋字旁转音)。"既有其例,然不能征其义。今以《说文》证之:凡一物以二字为名者,或则双声,或则叠韵,若徒以声音比况,即不必别为制字。然古有但制一字、不制一字者,踸踔而行可怪也。若谓《说文》遗漏,则以二字为物名者,《说文》皆连属书之,亦不至善忘若此也。然则远溯造字之初,必以一文而兼二音,故不必别作彼字。如《说文·虫部》有"悉蟀"。蟀,本字也;悉则借音字。何以不兼造"蟋",则知蟀字兼有悉蟀二音也。如《说文·人部》有"焦侥"。侥,本字也;焦则借音字。

何以不兼造"僬",则知侥字兼有焦饶二音也。如《说文·廌(zhì,音至)部》有"解廌"。廌,本字也;解则借音字。何以不兼造"獬",则知廌字兼有解廌二音也(廌字兼有解廌二音更有确证:《左传·宣十七年》"庶有廌乎",杜解:"廌,解也。"借廌为解,即廌有解音之证)。《艸部》有"羘葰(zāng niáng,音脏娘)"。葰,本字也;羘则借音字。何以不兼造萎,则知葰字兼有羘葰二音也。其他以二字成一音者,此例尚众,如"黾勉"之勉,本字也,黾则借音字,则知勉字兼有黾勉二音也。"诘诎"之诎,本字也,诘则借音字,则知诎字兼有诘诎二音也。"篝箸"(chóu chù,即踌躇)之篝,本字也,箸则借音字,则知篝字兼有篝箸二音也。"唐逮"之逮,本字也,唐则借音字,则知逮字兼有唐逮二音也。此类实多,不可殚尽。大抵古文以一字兼二音,既非常例,故后人旁驸本字,增注借音,久则遂以二字并书,亦犹越称"於越",邾称"邾娄",在彼以一字读二音,自鲁史书之,则自增注"於"字、"娄"字于其上下也。

六、《说文解字》解释字义的方式

《说文》不仅是分析字形的专书,并且是汉语语言学史上的一部训诂名著。清代人谓许书是"通古今之训诂,辨声读之是非"(见阮元《段氏说文注订叙》)。至于如何解释字义,汉代训诂学初建规模,而许慎则总结了汉人训释字义成果。

约而言之,其解释字义的方式主要有三种:

(一)互为训释

简称为"互训",即选择两个或两个以上意义和用法相同或相近的词、字彼此互为训释。这种方式,需要从实际语言中把语言环境(上下文)相同、意义相同或相近而用字、用词不同的句子加以比较,然后用这些不同的字和词,互为训释。例如《诗经·南有嘉鱼》首章末句为"嘉宾式燕以乐",次章为"嘉宾式燕以衎(kàn,音看)"。这两句语言环境相同,表达意义也相同,只是用了"乐"和"衎"两个不同的字,所以《尔雅·释诂》说:"衎,乐也",以为互训。又如《小雅·皇皇者华》次章:"周爰咨诹",三章:"周爰咨谋",四章:"周爰咨度",末章:"周爰咨询"。也是语言环境和表达的意义相同,《尔雅·释诂》:"询、度、咨、诹,谋也。"定为互训。要归纳出这类互训不仅要在同一篇作品内进行比较,而且要在全书中相互比较。如《大雅·桑柔》:"靡所止疑",《小雅·雨无正》:"靡所止戾。"《尔雅》又根据这两句表达的思想相同,在《释言》中列出"疑,戾也",作为互训。总之,互训是从实际语言中比较归纳出来的结论。汉世的语言学家首先是在一部专书里相互比较,既可得出确切的字义解释,还可以阐明它的"词例"。因为古代专著都有它用词的特点和条例,所以前人注释一部书,不仅重视词义,而且更重视全书的"词例"。

前人解释词义,并不限于根据某部书用词,相互比较,作出训释。范围可以扩大,即用不同时代的语言材料,参互比较,这样就更能看出古今用词的差异和词义的发展变化,从而确定了不同时代语言的互训方法,也体现了以今释古的训诂原则。例如《尚书·尧典》里某些句子,司马迁作《五帝本纪》引用时,即有些用词的差异,今略举例对比如下:

《尚书·尧典》	《史记·五帝本纪》
钦若昊天,历象日月星辰。	敬顺昊天,数法日月星辰。
宅嵎夷。	居郁夷。
寅宾出日。	敬道日出。
允厘百工,庶绩咸熙。	信饬百官,众功皆兴。
方鸠僝功。	旁聚布功。
有能俾乂。	有能使治者。
方命圮族。	负命毁族。
克谐以孝…不格奸。	能和以孝…不至奸。

训诂专籍《尔雅》把这些古今同义的字,都用以互相训释。如《释诂》:"钦、寅,敬也。""历,数也。""允,信也。""庶,众也。""绩,功也。""咸,皆也。""熙,兴也。""鸠,聚也。""俾,使也。""圮,毁也。""乂,治也。""格,至也。""谐,和也。"《释言》:"若,顺也。""宅,居也。""克,能也。"

司马迁作《史记》善于运用汉世语言,其引用古书,皆用汉世语言翻译。也有人认为司马迁受《尚书》于孔安国,故所改易之字与《尔雅》合。

从上面的例证,可见"互为训释"是解释词义的原始方法,也是文献语言学在训诂方面的主要依据。因此,我国最早的训诂专籍《尔雅》全书的训释,采用了这个方式。在《尔雅·释宫》里曾发凡起例说:"宫谓之室,室谓之宫。"这就很明确地说明了全书词义和名物都是对比互训。

许慎对于字义的解释也大量采用"互为训释"的方法,有的因袭《尔雅》旧说。如一卷《一部》:"元,始也","丕,大也",一卷《示部》:"禔(sī,音思),福也","禄,福也",十卷《立部》:"頨(xū,音须),待也",二卷《口部》:"呬(xì,音细),息也",等等,皆沿袭雅训。段玉裁在《说文解字注》里也谈到许慎使用互为训释的体例,他说:"元、始可互言之。"又说:"盖求义则转移皆是。"所谓"互言",所谓"转移皆是",就是指明"元"可以训"始","始"可以训"元",也就是对《尔雅》"宫谓之室,室谓之宫"互为训释的阐述。

但"互为训释"的方法也有一定的局限性,在语言里两个或两个以上的词和字,在意义和用法方面绝对相同的很少,所谓"同义",一般只不过是意义和用法相近,如"宫"是围墙,"室"是屋子,就不完全同义。因此,有许多训诂学家在同义词上常常用"通言、别言有异;对文、散文有分"加以说明。这似乎不符合"名以定事,事以检名"(《荀子·正名》)的原则,可是训释字义必需深入实际语言中,才能得出正确的结论。互为训释是从实际语言里相互比较的训义,究属语言科学的基础,汉人训诂仍不能废除这种方式。

许慎在《说文》中解释字义,往往深入语言实际里得出结论。例如:

　　　　五卷《去部》:去　人相违也。

从形式上看,是用"人相违"概括"去"的义界,但是"去"的词义核心是"违"(许慎用人来解释,只说明其字形所以从"大"之故,这是按照《说文》这部书训释必说明字形的体例而加的),而"去"与"违"则是从古代文献中相互比较得出的词义核心。《左传·成公十六年》:"有淖于前,乃皆左右相违于淖",是许慎言"相违"的根据,违当"躲避"讲。又《左传·襄公二十年》:"公赋《南山有台》。武子去所①,曰:'臣不堪也。'"去所,即避开自己席位,《左传》在这里使用的"去""违"两个词,虽然出现在不同的地方,不同的语言环境,而意义和用法是完全一样的,并且两字可以易换。许慎的说解是在实际语言里参互比较的结果,虽不用"互训"的形式出现,实质上仍然说明了"去""违"是互为训释。可见训释字义是以参互比较为基础,同时也说明"互为训释"是解释字义的基础。

(二)推索由来

　　推索由来是推索语源的训释方法。因为不溯其源则无以通其变,所以训诂学家一方面要研究词义的发展变易,一方面更要推导词义的产生和由来。例如,农历的十二月叫"腊月",夏至三庚后有"三伏"。为什么叫"腊"叫"伏"?我

---

① 武子:即季武子,鲁国三家之一,权势最大。鲁哀公在宴会上用《诗·小雅·南山有台》,实质是用诗中"乐只君子,邦家之基"两句讽刺季武子。

们可以根据文献记载,知道"伏""腊"是古代农村的两种祭祀。汉杨恽《报孙会宗书》中说过:"田家作苦,岁时伏腊,烹羊炮羔,斗酒自劳。"杜甫在《咏怀古迹》中也有"岁时伏腊走村翁"的句子。再从历史文献中找出较古的记载,像《史记》在《秦本纪》上说:"秦惠王十二年,初腊。"在《封禅书》上说:"秦德公二年,作伏祠。磔狗邑四门,以御蛊灾。"据此,好象这两种祭祀是由秦德公、秦惠王开始的。其实伏腊之祀早已随着农业的发展而产生了,远在春秋战国之前。唐人张守节也在《史记正义》上说过:"秦始效中国为之。"足见伏腊之祀中原地区先有。夏至以后,庄稼正在成熟时期,在这个季节里,农民最忧虑的是虫、草、涝、旱,当科学不发达的时代,只有用迷信的祭祀祈求鬼神的保佑。到了十二月,农作物已收割完毕而春耕即将开始,这时也要用祭祀祈求明年的丰收。这两种祭祀一直延续了几千年,现在迷信的祭祀早已废除了,可是"伏""腊"仍为农时的关键,所以还用"伏""腊"标识季节。但这是一般的常识。作为一个训诂学家更要进一步推索命名的意义和词的由来。章炳麟先生在《新方言》中曾有所探讨,大意谓:四卷《刀部》:"副,判也。从刀,畐声。《周礼》曰,副辜祭。"又五卷《畐部》:"畐读若伏。"是伏祠即《周礼》的副辜祀。今湖北蕲春一带谓宰杀牲畜曰伏,如"伏猪""伏鸡"。伏亦即"副"之借字。章氏自汉以来,训释者皆训为"伏藏""伏闭",不知其为"副"字。又谓"伏""腊"的命名,"伏"是用磔狗的仪式祭神,禳除灾蛊;"腊"则用腊肉作为祭祀品物,也就是冬天用腊肉祭神。章炳麟先生这样具体地分析"腊""伏"命名的由来,用的正是训诂上推源的方法。

《周礼·大宗伯》:"以疈辜祭四方百物。""疈"即"副"的籀文(见四卷《刀部》)。副训为判,实即今"剖"字(副剖古同音)。《礼记·曲礼》:"为天子削瓜者副之。"今言"剖瓜"。"辜"与"刳"同音义,刳是用刀挖出。《周礼》的"副辜"就是先剖牲畜之胸,又刳出牲畜的内脏,作为禳除灾蛊的祭祀仪式(《山海经》说"副辜"用羊,秦汉皆用狗)。"副辜",《礼记·月令》叫"磔禳",《汉书·地理志》作"䃺禜"(䃺即辜之古文,禜即禳的后出字)。郑玄《周礼注》:"疈(fū,音副),牲胸也。疈而磔之,谓'磔禳'。""磔"与"辜"同。五卷《桀部》:"磔,辜也。"皋辜虽连用,然辜属于刑,古代刑法也叫"辜"、叫"磔",就是把人绑在木架上,伸张人体,剖胸挖心的酷刑。

从上面例证看,词义的发展反映了事物的发展,而推寻词义的根源,有助于理解词义的发展变化。

推寻词义的由来需要用声音作为线索。前人总结了一条训诂原则,就是"比次声音,推迹故训,以得语言之本"。依据声音作线索,掌握字、词所反映的事物特点,以求字义的由来,这就是"推源"的具体办法。

《说文》推索由来的训诂,大致有两种类型:

一种是声训,即直接使用同音字或双声、叠韵字作训释,明确命名的由来。例如,十二卷《门部》:"门,闻也",十二卷《户部》"户,护也。"门与闻,户与护,古皆同音。闻本训通达,故高诱《淮南子·主术训》注:"闻犹达也。"门设于城郭或院墙通行之处,是通达城内或院内的必由之路,于是许慎认为门的命名源于闻。护兼有保卫和禁止两个义项,因为保卫和禁止是一件事情的两个方面。古代户设于室,而室与房相连,是个人休憩之所,所以设户以保卫室内,制止外人进入。《左传·宣公十二年》:"屈荡户之。"杜预注:"户,止也。"《唐书·李绅传》:"户官道,车马不敢前。"户为禁戒义,兼有保卫和禁止义。《汉书·王嘉传》:"坐户殿门失阑,免。"以户字为保卫义,而以"失阑"为失职。是户之训护,命名之义非常明显。

许慎使用的这一方法,是继承了前人的。先秦古书中,用声训推索命名由来的,例证极多,其中有些声训,可以帮助我们了解语源和词义的发展。如《大戴礼记·诰志》说:"明,孟也;幽,幼也。"以孟长为明(十四卷《子部》:"孟,长也"),以幼小为幽(四卷《幺部》:"幼,少也")。孟与明、幼与幽古皆同音。由此而推,明与白同义,孟与伯皆训长。白明一声之转,伯孟亦一声之转,故《春秋元命苞》曰:"伯之为言白也。"①至于《尔雅·释言》"冥,幼也",则虽非声训,而隐暗训幼小却是有根据的。如冥与童蒙之蒙,亦声义可通。

另一种,是先说明词义,然后再从声音上说明命名的由来。比如,一卷《示部》:"祠,春祭曰祠。品物少多文词也。仲春之月,祠不用牺牲,用圭璧皮币。"许慎先用"春祭曰祠"说明字义,后用同音的"词"字说明祠祭命名的由来,最后引用《礼记·月令》证明"品物少多文词"的事实(今本《月令》

---

① 《春秋元命苞》虽系伪书,但其中不少训诂尚不谬误。

作"不用牺牲用圭璧更皮币"。"更"是代替,是说用圭璧皮币
代替牺牲。古代有"币更"的制度,见《左传·襄公九年》)。
"圭璧皮币"即在祭祀时荐鬼神的文词。又如一卷《示部》:
"祳,社肉。盛以蜃。"《周礼·大宗伯》:"以脤、膰之礼亲兄弟
之国。"脤即《说文》的祳字,膰十卷《炙部》作"燔"。脤是祭
社稷的肉,膰是祭宗庙之肉①。古代在战争或出征之前,有
"受祳"的仪式(见《左传·成公十三年》)。许慎以"社肉"说
明字义,以"盛以蜃"说明命名的由来。蜃是大蛤蜊。《周
礼·地官》有"掌蜃",并说"祭祀共蜃器之蜃。"而据郑玄说是
"饰蜃器"。即社肉仍用俎荐牲肉,而俎用蜃为饰,有如现在
的"镶螺钿"一类的器皿。但此说却与许说不同。

另外,也有把声训组合于字义之内以推其源的。如一卷
《示部》:"禜,设緜蕝为营,以禳风、雨、雪、霜、水、旱、疠、疫于
日月星辰山川也。""柴,烧柴。焚燎以祭天神。"

汉代注释家非常重视推索由来的训释,如郑玄注释《三
礼》,往往对古代名物作许多命名由来的说明。《仪礼·士冠
礼注》:"弁名出于槃(pán,音盘)",《礼记·玉藻注》:"珽之
言挺然无所屈也",等等即是。所以郑玄说"就原文字之声
类,考训诂,捃秘籍"(见《郑氏佚书》)。这是汉代训诂的重要
方法。

推索由来虽是训诂的主要方式,但必须依据语言的实际

---

① 古代祭社之肉用生肉,祭祖之肉用熟肉。《公羊传·定公十四年》:"脤者
何? 俎实也。腥曰脤,熟曰燔。"《穀梁传》说略同。

情况加以辨析,掌握语音的线索要严格,所据的佐证要确凿。至于只有声音可通而绝缘无证佐的名物,决不可强求其源。否则,训诂就会流于随意性,陷入主观唯心论的迷境,这是我们要注意的。即如汉世刘熙所作《释名》一书,用声训解释字义,并收集各地方音,对发音部位和发音方法也作了很多的说明、分析。刘熙这部书虽然对研究汉世语音有较大的贡献,但在推求语源方面,则不免有主观臆测和穿凿附会的错误。

(三)标明义界

词是代表客观事物的声音符号,它所代表的客观事物不是个别的而是一般的。列宁在《黑格尔哲学史讲演录摘要》里说道:"任何词(言语)都已经是在概括。"又说:"感觉表明实在,思想和词表明一般的东西。"因此,词的义界就是词所概括的客观事物的本质和属性。作为一个训诂学家,在解释词义时必须把词所概括的本质和属性用极简洁、很准确、最全面的语言标识出来,这就是标明义界的训释方法。

词也体现着语言运用中的"节省"原则。如"邦君之妻"就不如说"小君"、"后",因为它总比"邦君之妻"简洁。从研究训诂的人看来,"邦君之妻"就是"小君"、"后"的义界。但也有时出于表达方面的需要,不能不用几个词联合起来说明一个事物。例如《礼记·檀弓》:"南宫韬之妻之姑之丧。"这是因为为了说明儿媳妇给婆婆服丧的礼制,必须以南宫韬的妻为出发点,不能说"南宫韬之母"。

　　在先秦古书里,有不少标明义界的范例。一种是用极精确、简练的几个字就形象地说明了它的义界。比如,春秋时代卫国的一个公族叫"孟絷",其名是因为他一只脚有毛病而得。"絷""垫"皆从执得声,絷可读垫,则孟絷之絷,即今所谓"踮脚"之踮。《春秋》三传都想把孟絷以脚有毛病而得名这一点加以形象的叙述,亦即把"絷"的义界标明出来。《左传·昭公七年》:"孟絷之足不良,能行。"这个解说比较笼统,没有抓住事物的特点,就不如《穀梁传》解释得精确。《穀梁传》只用"两足不能相过"六个字就把"絷"的义界非常形象地标识出来了。因为一般人走路,总是先迈一只脚,再用另一只脚迈过去,这样两脚交替地去行走,也就是"两足相过"。孟絷的一只脚有毛病,只能先迈一只脚,再跟上一只脚,这只有病的脚总也不能迈过那只脚去,因此,"两足不能相过"正是描绘出踮脚人走路的形象,恰好抓住了事物特点。又《礼记·檀弓》有"童汪",汪即尪字。尪是驼子、罗锅。郑玄说:"汪,面向天。"这个解释,也比较形象地抓住了事物的特点,因为驼子、罗锅脊柱向后拱起,前胸隆高,面不能俯,"面向天"准确而形象。

　　还有一种,即用叙事或描写的方法,具体说明词的义界。例如《左传·襄公二十八年》写齐国卢蒲癸和王何等谋杀庆舍事。他们的计划是请庆舍到祖庙主祭,乘机刺杀。卢蒲癸之妻是庆舍的女儿,叫卢蒲姜,也参加了这次的预谋。《左传》记载卢蒲姜和卢蒲癸的对话:"卢蒲姜谓癸曰:'有事而不告我,必不捷矣!'癸告之。姜曰:'夫子愎。莫之止,将不出。

我请止之。'"这几句虽只是叙述人物的对话,可是在对话中,用"莫之止将不出"六个字描绘出庆舍刚愎乖戾的性格。意思是"不叫他出来他偏要出来,叫他出来他却不会出来。要是没人阻止他,他是不会去的"。所以说"莫之止将不出"正是"愎"的含义最具体的抒写。

许慎在解释字义时,也广泛地应用了标明义界的训诂方法,并且有时使用极简练的几个字,就能精确地、全面地把义界标识出来。例如:

七卷《旦部》:暨 日颇见也。

古书中"暨"字用法,可以标识时间,也可以表示空间。天色微明,太阳未升出大地而可以看出景物的时候,叫"暨"。在空间偏北或偏南的地区叫"朔暨"、"南暨"。《尚书·禹贡》:"东渐于海,西被于流沙,朔、南暨。声教讫于四海。"朔、南暨即"朔暨""南暨"。而许慎则用"日颇见"三字概括出时间、空间暨字的界说。颇是偏倾、斜倾,则"颇见"与"正见"或"全见"意义有别。日在中午时,光耀大地则为日"正见""全见"之时,晨光熹微则为日颇见之时。又太阳直射赤道,赤道南北二十三度半是日光正见的地区;此外,则属于日颇见的地区。因此,最北曰朔暨,是日光从南颇见,最南曰南暨,则日光从北颇见。又《春秋》对日食的记载,有用"既"字的,如"桓公三年,秋七月,壬辰,朔,日有食之,既","既"即"暨"字。孔颖达《春秋正义》引许慎《五经异义》说:"相揜密者,二体(日月)相近,正映其形,故光得溢出而中食也。"郑玄说:"月正掩日,日光从四边出,故言从中起也。"这里的"暨"谓日食其中,但见四边光溢,偏颇而出。"中食"后世也叫"环食"(见《明史·天志》)。又如:

十四卷《车部》:辍　车小缺复合者。

辍字的义界是车走在中途受到损坏,修理好了再继续前进。因此,"辍"有中断的意义。《论语·微子》:"耰而不辍",是说长沮、桀溺一直在田地里耕种而不回答孔丘的问津。《礼记》:"辍朝而顾。"辍朝等于暂时休会,并不是罢朝。"辍"的反义词是"缀",训"连续不断"。有的把"辍"训为停止,那就不准确了。

八卷《儿部》:兀　高而上平也。从一在儿(人)上。读若夐。

案兀与元是一字的异体。从形体上看,"从一在儿上",是"一"为人体标识的符号,这种标识符号,画一横或画两横是无区别的。如"亚"重文作"亘",可证"兀""元"是一个字的两种写法。从读音上看,"兀读若夐"而夐之古读如垣。《诗经·击鼓》:"于嗟洵兮。"《释文》:"《韩诗》作夐。夐亦远也。"依《释文》说,"洵""夐"皆"远"之借字。段玉裁谓:"以髡从兀声,輐从元声例之,则元兀声通无疑。"从字义上看,许慎用"高而上平"四个字标明"兀"的义界。人体"高而上平"的部位是头顶。《仪礼》有"元服",元服就是冠綣(quàn,音劝),七卷《冖部》:"冠,冠綣也"(綣,束发物),是元服为头顶的服装。《左传·僖公三十三年》:"狄人归其元。"杜注:"元,首也。"此元字指原轸的头。在地面上的"高而上平",则"兀""元"为高原、平原的正字(十一卷《灥(xún,音寻)部》:"原,水泉本也。"则"原"为源流字)。其后出字作"邍"(见二卷《辵部》及《周礼·地官》),许慎、郑玄皆训为"高平之野"。至于"髠(kūn,音昆)"训鬀(tì,音剔)发(见九卷《髟部》),"頯(kūn,音昆)"训无发(见九卷《页部》),更突出了高而上平的形象。车辕耑持衡者名曰"軏"(见十四卷《车部》,《论语》作"軏"),亦兼取高、平之义。

二卷《辵部》:達　行不相遇也。

"遇"字,《说文》训逢。逢与逆同义。因此,行路有所阻逆,或两方互相逢逆,那就过不去了。"行不相遇"是通行无阻,所谓通达之义。许慎这样标识义界,甚为新颖。

总之,《说文解字》为我们提供了解释字义的很可宝贵的经验。训释字义、词义,应以上举的三类为主要方式。任何一个字或词都可以兼用三者去解释,并且只有兼用这三种解释的方法,其字义词义才能准确、精审、全面。"词是语言的建筑材料。"词在具体的语言中,才能充分显示出它的生命力。因此,必须在实际语言里进行参互比较,推求词的意义和用法。其次,一个词具有它的特点。词义的特点反映它的语原和发展变化。因此,比次声韵,推索语原,进而阐明一个词的发展变化,这是研究词义的核心问题。再其次,词义是客观事物的概括,有时词义的概括性不能与逻辑的概念等量视之,因为有的词义并不是由一个概念形成的。应该用通俗易晓的语言,把词的义界范围准确地解释出来,这样得出的基本义界应该在不同的语言环境里,都能讲通。

如上所述,许慎运用这三种方式,是继承和发展了前人的成果的。这不仅反映了传统语言学的发展历史,也说明许慎对语言文字的特点有着相当深刻的认识。这正是语言学史上的宝贵遗产,有待我们进一步去挖掘、分析、继承、发展的。

第二章　运用《说文解字》解释古书

　　用《说文解字》的字形、字义、字音来理解古代文献的语言，是很重要的。清代训诂学者非常重视这部书，广泛地运用它来注释和整理先秦文献。段玉裁谓《说文解字》这部书是阐述"字形之本始，字音、字义之所以然"的专著。又说"许以形为主，因形以说音说义"。乾嘉以来，研究《说文解字》风行一时。当时学者"家有汥长之书，人习《说文》之学"（见俞樾《小学考序》）。同光以后，金文之学渐兴，研究鼎彝的人在文字学领域中开辟了一条研究古文字学的新途径（其实宋代欧阳修、赵明诚、吕大临、薛尚功、三王、洪氏已有研究钟鼎文字的专书）。一八九九年甲骨在安阳出土，学者始见殷商的契文，从而扩大了"古文字学"的领域。古文字学纠正了《说文解字》所收字形和解释的一些谬误。但《说文解字》毕竟是一部文字研究史上的奠基之作，研究语言文字的人仍应给予相当的重视。一个现代研究语言文字的学者，既不该象吴大澂及其末流那样排斥毁谤《说文》，也不该象章炳麟先生那样否定金文甲骨。把两方面材料综合起来，实事求是地取长补短，才是唯一正确的态度，才能使古代文献资料和文化遗产很好地为今所用。

　　下面谈一谈运用《说文解字》解释古代文献的几种方法。

一、运用《说文解字》所列的字形
解释古书的词义

清代江沅说:"许氏之要,在明文字之本义而已。"一般认为"本义"是字形所体现出的意义,也是比较原始的意义。有一些字,我们今天所熟知的只是它的引申义,而在古籍中却往往使用它的本义。遇到这种情况,我们利用《说文解字》就能得出比较准确的解释。例如:

《诗经·七月》:塞向墐户。

七卷《宀部》:"向,北出牖也。从宀,从口。"而"宀,交覆深屋也,象形"。口,是窗,"向"就是住房北面朝阴的窗户。农历十月以后,黄河流域时常刮西北风,所以要把北边的窗子堵塞起来,避免寒气侵入。

"向"字是个象形字,其形体以及许慎的说解固然可以直接启示我们,即便不是象形字,其说解中的"从×"也是在说字形,同样可以帮助我们掌握该字的意义。如:

《周礼·封人》:凡祭祀,饰其牛牲。

七卷《巾部》:"飾,刷也。从巾,从人,食声。读若式。"以许慎对饰字的字形分析、字义解释和字音的描绘,可知"饰"即今"拭"字(《说文》无拭字)。饰字从巾,巾可以拭。《仪礼·士冠礼》:"沐巾一。"郑玄注:"巾,所以拭污垢。"陶潜《归去来辞》:"或巾柴车"(今本作"或命巾车"是错字,《文选》江文通《拟陶徵君诗》注引作"或巾柴车",与唐人写本同),则直以巾为拭。郑玄《周礼注》:"饰谓刷治洁清也。"正采用许慎的说解。凡物刷治尘垢谓之饰,刷掉尘垢即增其光彩,因此饰又引申扩大有梳装打扮、踵事增华的意义①。由许慎对饰字形体的说解,既可准确理解"饰其牛牲"的"饰",同时也有助于理解《归去来辞》中"巾"字的含义。

有时我们还可以进一步用甲骨钟鼎文字与《说文解字》相印证,如:

> 《左传·成公二年》:物土之宜而布之利。

此句意谓物色(选择)土壤合适的地方,使之生产粮食②。利字,四卷《刀部》作"犁",古文作"𥝩",与甲骨金文皆相似。甲骨

---

① 同学郭崇元根据甲骨彝鼎,考证"饰"字形体的变易,其说甚确,今录于下:

　　卜辞有𠬪 𠬪 𠬪 𠬪 𠬪,金文作𠬪(克鼎)作𠬪(县妃殷)作𠬪(戊辰殷),崇元以为当即今之饰字。古代祭牲必先刷洗,但祭牲多用豕,故字从采从豖,即豕字。今飾从食声,是由会意字变为形声字。饰字从人者,盖为弋形之讹。甲骨金文中弋之形亦或作刄,如受字作𠬪,与入(人)形相似也。甲金文或从又或从又执巾(又即手字),是刷拭之事初仅用手,后乃用巾。考周代虽有佩巾为事佩(周人佩玉叫"德佩",佩刀剑及巾叫"事佩"),但巾极珍贵,仅作为装饰品,一般洗刷皆不用巾。惟祭祀作"尸"的人(鬼神的代表)和隆重宴会上为人所崇敬的"三老"可以用巾盥沐。后来生产发展了,才广泛用巾洗刷。故𠬪这两个古饰字,也反映了用手用巾的物质生活的发展。

② 参看上文第一章第三节。

文作𥝋、作𥝊。金文作𥝋(师遽方尊)、作𥝊(利彝)。从字形结构上看,是用镰刀收割农作物之象①。所以《诗经·大田》说:"彼有不获稚,此有不敛穧,彼有遗秉,此有滞穗,伊寡妇之利。"这是说,在田地里收割农作物时,那里留下点割获的幼禾,这儿留下点不收集的谷粒,那儿有留下的成捆麦子,这里也有掉下的麦穗,这些东西都是给寡妇留下的粮食。"布之利"的"利"和《大田》的"利"都作收获的粮食讲。

有时我们为了了解字形所表示的意义,不仅要借助于许慎的说解,而且还要联系《说文》中的其它字的形体及其说解,相互参证。如:

《左传·定公十四年》:既定尔娄猪,盍归吾艾豭(xiá,音霞)。

这两句是宋国农民讥刺宋朝和卫灵公夫人南子在卫国公然搞不正当的男女关系的民歌。杜预注:"娄猪,求子猪,以喻南子。艾豭喻宋朝。"求子猪,即正处于发情期的母猪。豭则是公猪,古称"寄豭"。《史记·秦始皇本纪》:"夫为寄豭。"注:"夫淫他室,若寄豭之猪",是寄豭即今之种猪。发情期的母猪为什么称为娄猪呢?十二卷《女部》:"𡫏(婁),空也。从毋,中,女,空之意也。"从字形上看,婁字从毋,十二卷《毋部》说:"从女有奸者。"联系十二卷《毋部》"毐(ǎi,音矮)"字的

---

① 许慎对"利"字的说解是:"利,铦也,刀和然后利",是不对的。

说解①，可以理解娄字从毌从女，是就女性这方面说的。娄字还从中，中是内，指内心。所以娄字从字形反映的意义本是女性春情发动的意思。至于许慎娄字训空（古空孔同语），则是指的女子的生殖器官。因此"娄猪"杜预解为"求子猪"。又《周易·姤卦》："羸豕孚踟躅。"古羸娄同音，羸豕即娄猪，犹莙蒌即果蓏（见程瑶田《果蓏古语考》），《易经》这句话正是形象地写出了发情期母猪浮躁不安的样子。再有，娄的派生字有偻。《公羊传·庄公二十四年》："夫人不偻，不可使归。"不偻即不娄，夫人指鲁桓公的夫人桓姜。意思是说：齐襄公已被杀，桓姜不能再胡搞了，但谋杀鲁桓公的罪大，也不能让她回鲁国。这两例也是娄训"求子猪"的旁证。

又例如：《左传·僖公二十三年》叙述晋国公子重耳流亡国外时，曾写了下面一段话：

> 过卫，卫文公不礼焉。出于五鹿，乞食于野人。野人与之块。公子怒，欲鞭之。

究竟什么是块？自晋代杜预注说是土块，以后解《左传》的均沿袭其说。但晋公子和他的随从人员向农民乞食，而农民给他们的食物是一块土或一堆土块，似乎不大合乎情理。十三卷《土部》块字的正篆作𡌧，说解谓"从土，凵象形"。这说明凵是块字的形象，则凵是用以盛土的筐筐一类的器皿。这种解释对不对呢？一卷《艸部》有"蕢"字，下云，"艸器也"。郑

---

① 参看上文引言部分。

玄《礼记注》："蒉读若凷"，是凷与蒉音同通用。蒉又作"篑"，成语有"未成一篑"、"功亏一篑"，则蒉篑就是土筐，不过有用艸籐编的，有用竹篾编的罢了。司马迁在《史记·晋世家》里也记载了这段故事，他说："饥，而从野人乞食。野人盛土器中，进之。"司马迁是精通《左传》的，《史记》所叙述的春秋故事，都是根据《左传》而用汉代语言作出翻译。在这里他把块字译成土器，正是凷字，亦即块字的正体的本义。重耳见农奴把食物放在土筐里给他，认为太不恭敬了，所以大发雷霆，"欲鞭之"。再从语法上分析，"与之块"犹言"与之以块"，"以块与之"，而《国语·晋语》记载此事作"举块以与之"，我们可以理解为"举起土筐（盛的食物）给他们"，也是把块字当作工具。这样理解才符合事实情理，才是准确地理解了这段文字的本意。

以上都是从字形结构上分析词义。这是古文字学的重要内容之一。在这方面，前人虽然已有可观的成绩，但至今我们还有许多工作要做。特别是后面两例，说明我们对古代汉字字形结构并不是完全搞清楚了，不仅在用甲骨钟鼎文字纠正《说文》方面还做得很不够，就是《说文》本书所分析的字形，我们也没有完全了解。因此，分析古代文字的字形，仍是当前应该注意的问题之一。我们把更多的字形搞清楚，就能更进一步研究古代文献，更好地批判和继承汉民族的文化遗产。

二、运用《说文解字》的说解
分析古今字义的变迁

语言是属于社会现象之列的。历史的变迁,社会制度的改变,生产技术、科学文化等等的发展,都会对语言的词汇产生很大的影响。在不同的历史阶段中,有一些新词产生了,有一些旧词消亡了,有一些词的意义改变了。文字是记录语言的符号。有些字的字形虽然没有变,但是字音的读法和字义的解释却可以发生很大的变化。我们研究《说文解字》,就不仅要弄清楚它对字形的分析、字音的读法和字义的解释,更重要的是通过这部书的说解,更深入地了解在不同的历史阶段中字义的变化。只有这样,才能准确地理解古代文献的语言,才能更深刻地系统地掌握现代汉语中某些词的含义。例如:

三卷《言部》:识 常也。

十二卷《耳部》:职 记微者也。

依照以上的说解,"识"是职位的职(zhí)字,"职"是记识、认识的识(shì)字。为什么这样说呢?先看"识,常也"的"常"是什么意思。许慎的这个解释是根据《周礼》。《天官·太宰》:"四曰官常,以听官治。"《宰夫》也说:"旅掌官常以治数。"在《周礼》上,官叫官常,即职官。《说文》识字训常,就是用职官来解释识字,也就是以识为今职位、职务的职字。再看"职,记微者也"的"记微者"是什么意思。许慎的这个解释是根据《诗经》毛传。《诗经·小雅》:"勿士行枚。"毛传:"枚,微也。"微即徽帜的微字,记微也就是标志记识。

但古书上使用这两个字恰与《说文解字》的字义相反。如《尔雅》:"职,常也",《左传》:"本秩礼,明常职",都是以职为官职、职位字。又如《论语·述而》:"默而识之。"《左传·成公十六年》:"夫子尝与吾言于楚,必是故也,不亦识乎?"识都是记住的意思。这种用法一直沿袭至今。

为了进一步弄清这两个字的字义和两种解释相反的现象,必须由常字的字义求得解答。

七卷《巾部》:"常,下帬也。裳,常或作裳。"《周礼·大行人》:"建常九斿。"郑玄注:"常,旌旗也。"《周礼》司常编掌旗物,郑玄《春官·序官》注:"司常,主王旌旗。"可知"常"为旌旗的总名。

古代氏族社会每个氏族都有他崇拜信仰的自然之神,很可能把这种自然之神画在旗物上,作为本部落的标志。到了阶级社会,旗子和衣服也带上了统治阶级表示等级和身分的阶级色彩。在衣服上,他们用绘绣的不同花纹来标志他们的社会地位(见《尚书》、《周礼》),并用旗子来标志不同的爵位和官职(见《仪礼》、《周礼》)。所以"识"、"职"都是旗子上的徽帜,也就是旗帜的帜字。此外又有"志"字,《说文》未收,而《周礼》故书已有志字,《周礼·春官·保章氏》:"掌天星以志星辰日月之变动。"郑注:"志,古文识字。"则志是识的古文异体字。《三国志》:"永志不忘。"《礼记·哀公问》:"子志之心也。"郑注:"志读为识。"也都以志为识字。古代志、识通用,所以志也是旗帜。如《礼记·檀弓》:"孔子之丧,公西赤为志。"就是说孔丘出殡时,孔丘的学生公西赤打着旗子领队。《史记·叔孙通列传》:"设兵张旗志。"《集解》引徐广说:"一作帜。"《汉书·高惠高后文功臣表》:"汾阴侯周昌初起,以职志击秦。"如淳说:"职志,官名,主旗帜也。"而《周昌传》:"沛公以昌为职志。"师古注:"志与帜同。"或说《周礼·冢宰》言"设官分职",职也是旗帜,即郑玄《司常》注所说的"徽识,所以题别众臣,树之于位,朝各就焉。"《觐礼》:"公侯伯子男皆就其旂而立。"①《史记·叔孙通列传》:"百官执职传警。"《集解》引徐广曰:"一作帜。"以上例证都说明"识"、"职"、"志"古都用为旗帜的帜字。

后来以"职"为职位、职务;以"志"为志向、志愿;以"识"为认识、知识,都是由徽帜义项分化而形成的。虽今义与古义有很大的变迁,但推原溯流,条脉是非常清楚的。因此研究《说文解字》用古义疏明今义是很重要的方法之一。又如:

三卷《史部》:𠽮(史) 记事者也。从又持中。中,正也。

一卷《丨部》:中 内也,从口。丨,上下通也。𠁱 古文中。𠁰 籀文中。

---

① 立就是位,《小宗伯》:"小宗伯掌神位。"故书"位"为"立"。古文《春秋》以"公即位"为"公即立"。

前人以"史"训"记事者",字形是"从又持中",因谓"中"为书册。清代江永《周礼疑义举要》说:"凡官府簿书谓之中。……犹今之案卷也。此中之本义,故掌文书者谓之史,其字从又,从中。"章炳麟先生因"用"从中,字形作"屮"、作"屮",与"册"(册)形同,谓为编竹简为书册形,二编或三编也。并根据《周礼》的"治中"、"登中"诠释"中"的字义。

什么是治中?《周礼·春官·天府》:"凡官府乡州郡及都鄙之治中受而藏之。"郑司农注:"治中,谓其治职簿书之要。"所谓治职簿书,就是治理奴隶的职务和登记奴隶的户籍。《乡大夫》:"登于天府,内史贰之。"《秋官·大司寇》:"登之于天府,大史内史司会及六官,皆受其贰而藏之。"这说明当时重要文件治中六官各有副本,而把正本集中在天府。所以《荀子》说过:"六贰之博,则天府已。"博即簿字,这说明在六官那里的都是簿册的副本。汉承秦制,西汉还有"治中大夫"这个官职,后汉改名为"主簿"。并且刺史属下的重要官吏还叫"治中",掌管民人的户籍册。

什么是登中?《周礼·秋官·小司寇》:"岁终则令群士计狱、毙、讼,登中于天府。"小司寇是专政机构中的司法机关。登中,就是把正在起诉的,法庭上判决的,在监牢中关死的和处决的人名都登上簿册(后世公文用语有"登答"、"登复",盖源出于此)。另外,《国语》上记载一个奴隶主的话,他说,"余左执鬼中,右执殇宫"。韦昭谓"中"是"录籍"。

综合以上的材料可以证明"中"是簿书、书册,是统治阶级内部关于政治的官书,与汉代"中秘书"相似。所以中有内义又有簿书义。《说文解字》只训内,非原始字义。汉以来书一秩叫一通。"通"可能就是中之遗语仅存者。魏晋以后则以"帐"代替中字,后又造"账"为专字。汉代尚无此语。《汉书·武帝纪》:"受计于甘泉。"唐颜师古注:"若今诸州计帐。"(汉官有"上计吏",计即后世的帐。)帐字始见《隋书·百官志》。《百官志》说:"后齐尚书诸曹殿中掌百官留守名帐。仓部掌诸仓帐出入等事。左户掌天下计帐户籍等事。金部掌权衡度内外诸库臧文帐等事。"帐即古代中字。

据章炳麟先生考证,汉魏民歌已读中如帐。颜师古《匡谬正俗》引古艳歌:"'兰艸自生香,出于大道旁,十月钩镰起,并在束薪中。'中音之当反(当云知当反),音张。谓中央也。今山东俗犹有此言。"这就说明中字在汉魏时代已经读如帐字了,后代因而称簿书为帐。现代汉语的帐簿、帐目、算帐的帐,就是古代的中字。

中字在先秦时代音读已并入唐韵。《礼记·乡饮酒义》:"冬之为言中也,中者藏也。"中字训藏,这是用声训的方法,也就是用同音字来解释字义。《素问·阴阳类论》:"五中所主。"王冰注说五中就是"五脏"。中字训内亦可为藏(宝藏),为脏(内部器官)。俗语"五内俱焚",五内即五脏。佛家经典有释氏三藏(经、律、论),藏就指的是佛教内部书籍。后来道家教内书籍也称"道藏"。所以藏字亦兼内与书册两义,也是古代的中字。

许慎训中为正、为内固然还不透彻,但他说"史"是从又持中,是"记事者",却是对的。我们就应该从许慎的这种说

解中抓住他所提供给我们的线索,旁综他书,弄清词义的古今变化。又如:

> 十一卷《水部》:㴽(洒)　涤也。古文以为灑埽字。

洒字唐人音先礼切,训涤。从音读和字义上来看,洒就是今天所谓用水洗去泥垢的洗。《孟子·梁惠王上》:"寡人耻之,愿比死者壹洒之。"这里的洒字的字义,正是《说文》说解的本义,并且应该念 xǐ。马王堆出土的《医经方》如"再膏傅而洒以叔汁"、"勿洒"、"日一洒,傅药"等等,皆以洒为洗字。(洗字古音稣典切。汉代官职"太子洗马",字仍念 xiǎn,现在只在姓氏上还念 xiǎn,字形有时写成"冼"。)

《说文》又说"古以为灑埽字",则洒又与灑同音通用。十一卷《水部》:"灑,汛也。"《广韵》音砂下切(shà)。汛与灑都训把水泼在地上。《汉书·东方朔传》的"洒埽",扬雄《剧秦美新》作"汛埽"。颜师古《汉书注》:"洒音信。"可见"洒"、"汛"也同音通用。《管子·弟子职》:"汛拚正席",正是以"汛"为"洒"。这都说明洒字是可以解为埽除的。

那么,洒字为什么兼有洗涤和埽除两义呢? 如果我们了解古人生活情况和涤垢的方式,就知道这两个意义是一回事。《左传·僖公二十三年》说,晋公子重耳流亡秦国,有一天盥(guàn,音贯)沐,秦穆公的女儿怀嬴在他的身旁"奉匜(yí,音乙)沃盥"。匜是古代盛水的铜器,有柄,有浇水的流口,用时使水从流口流出,下面有盘接着。可见古人说洗手洗脸不是把水放在脸盆里洗,倒很象淋浴,用水浇洗。五卷

《皿部》的鹽（盥）字正象古人洗手涤垢之形。古人打扫房间，在堂上用盆泼水，室内用手撩水。《管子·弟子职》："实水于盘，攘臂袂及肘，堂上则播灑，室中渥手。"可知洗手和打扫房间都是泼水去垢，所以洒、灑、汛都训泼水。由于人们生活习惯变了，字义也发生了变化，今天洒（灑）只读 sǎ，是泼水，汛是定期涨水，洗是用水涤垢了。又如：

> 六卷《木部》：檢（检）　书署也。

古代官府的公文放在函内，上用"封检"。封检是用印章盖在封口处，在印章上又写上标题。据《周礼·地官·司市》郑玄注说："玺节，印章。如今斗检封矣。"斗检封是汉末的话，意义是函封闭后，在封口相合的地方盖印施检。《后汉书·公孙瓒传》："（袁绍）矫刻金玉以为印玺，每有所下，辄皂囊施检。"注引《汉官仪》："凡章表皆启封，其言密事得皂囊"，"今俗谓之排。"按照这个说法，《说文》以检为书署，也就是现在所说的"签署"。《说文》无"签"字，"检"字就是后来的"签"字。

汉代人又检柙连用。六卷《木部》："柙，检柙也。"扬雄《法言》说："蠹迪检柙。"其实检与柙既双声又叠韵（添帖对转），古为同字。《韩非子》就是以柙为检字。《外储说右》："田婴令官具柙券斗石参升之计，……俄而（王）已睡矣，吏尽揄刀，削其柙券升石之计。"（依孙诒让说，"升石"应作"斗石"。）可见检与柙都是书署，也就是今天所说的"签字"、"画押"。

至于"检阅"、"检查"、"检举"的检,在先秦两汉都用"简"(参看上文第一章第三节)。到唐代有检校官,金元时有检查使,所以后代用检字代替了简字,这也是古今字义的变迁。

有时许慎的说解指出的并非字的本义,甚至其中包含着错误,但是我们仍然不妨把它当作寻根究源的线索,找到字义变化的脉络。如:

三卷《殺部》:弒(弒)　臣殺君也。

这个解释是许慎用了孔子在《春秋》上错误的释义。其实弒字的字义并不包含君臣的概念,只是"预谋杀人"的意义。就以《公羊传》来说,无疑是解释《春秋》的,但这部书用"弒"字,并不完全是指臣杀君。如《昭公二十五年》:"昭公将弒季氏。告子家驹曰:'季氏为无道,僭于公室久矣。吾将弒之。'"又说:"昭公不从其言,终弒而败焉。"这个弒字只能作君谋杀臣讲。从训诂角度上看,弒之为言试也,即"尝试"、"试验"的试,因而对进行杀害之前的准备和谋划叫弒。与"弒"字的这种情况相近的还有"戕"字。张斐《晋律序》说,"将害未发谓之戕。"戕也是预谋杀害。而"戕"与"将"在词义上又是相通的。《公羊传》:"君亲无将,将而诛焉。"此"将"字是弒字的同义词。案《论衡·知实》:"将者,且也。"《墨子·经说》:"自前曰且,自后曰已。"可见将字与且字都有事前的意思。"戕"、"将"的意义也可旁证"弒"字的本义。孔子把"弒"字说成"臣杀君"、"子弒父",实非词的本义。但语言的发展史上常常有这种情况：某个具有巨大影响的人物或作品对语言的使用和解释，有时会影响到语言中一些个别词汇的演变。后世以"弑"专指"臣杀君"，盖由于此。

三、运用《说文解字》分析词义的系统性

同一个词常常在不同的语言环境里表示不同的含义。在这些不同的含义中，有的是这个词的原始的意义，有的是从原始意义引申出的意义，前人分别称之为"本义"和"引申义"，并且用这两大类别分析词义，描写出词义的系统性。我们研究语言文字，就要把词的不同含义综合起来，推求语源，阐明变化，找出词义发展的线索，弄清楚它的系统性。这样，才能更全面地理解这个词所表示的概念的内涵和外延，更准确地掌握这个词在不同语言环境中所表示的含义。

《说文解字》的说解，不仅是由字形的结构说明词义，有时也阐述词义变化的线索，说其引申义。这种范例很多，不烦列举。需要特别指出的是：我们研究《说文解字》，不但要正确地推导每个字的本义，而且要科学地分析它的引申义。分析过程中，决不能凭主观臆测，随意引申，而必须在实际语言里去考察和证实，然后才能信而有征地掌握词义的系统性。

宋代的理学家注解古书时，往往凭主观臆测，乱用引申义，结果变成"辗转引申"，歪曲原意，因而歪曲破坏了词义的系统性，是不符合训诂学的原则的。例如《礼记·大学》："致知在格物。"朱熹注："格，至也。穷至事物之理，欲其穷极，无

不到也。"这是一个典型的"辗转为训"的例子。朱熹主要用
"穷至"、"穷极"说明"格"的词义。这种注释方法,是不科学
的。按照朱熹的意思,格本训来,来可以引申训至,至又引申
训极,极又引申训穷。所以他先用至字解释格,又以"穷至"、
"穷极"引申训至,他的最后结论就成了:"格"是"穷究",也就
是"彻底研究"的意思。这样注释正体现了朱熹的哲学路线:人
的知识和智慧是先天具有的,是万能的。人的知识可以穷至事
物的真理,只要凭借知识去认识客观事物,就能最彻底地了解
事物,并且是无所不到的。这是典型的唯心主义先验论。

现在我们借助《说文解字》来认识了解格字。六卷《木
部》:"格,木长皃。"段玉裁注说:"木长别于上文长木者,长木
言木之美,木长言长之美也。木长皃者,格之本义。引申之,
长必有所至。故《释诂》曰:'格,至也。'《抑》诗传亦曰:'格,
至也。'凡《尚书》'格于上下','格于艺祖','格于上帝'是
也。此接于彼曰至,彼接于此曰来。郑注《大学》曰:'格,来
也。'凡《尚书》'格尔众庶','格汝众'是也。"段氏说格字训
至训来,用"以此接于彼"和"以彼接于此"区别格字训至和训
来的差别,虽亦能自成其说,但终嫌迂曲(段说本于戴震)。
《方言》:"徦,来也。"《三体石经》篆、隶、古三体皆从彳作徦,
与《方言》合。后世晚出误体作格,遂与《说文》"木长皃"之
格相混。"格物"之"格"本应作"徦"①。总之,"格物"即来

---

① 郭崇元说:"契文各作𠱾、𠱾、𠱾、𠱾、𠱾。上从止。各为来格之本字。《方言》
作'徦'。案各与徦为一字。甲金文从止从彳一也。"

物,也就是来于物,意谓知识来源于客观事物。对这句话郑玄的解释尚有朴素的唯物主义思想,到朱熹则完全变为唯心论的说教了。

朱熹的这种"辗转为训"的方法,正是他的唯心主义的哲学观点在训诂学上的反映。由此可见,对待词义的系统性,必须有严肃的科学态度,否则不只是容易在训诂上犯错误,还很容易在观点方法上走到唯心主义的邪路上去。

如何利用《说文解字》的说解分析词义的系统性呢? 很重要的一点是从字形的分析上找到字的本义。例如:

> 十三卷《土部》:對(封)　爵诸侯之土也。从半,从土,从寸。守其制度也。公侯百里,伯七十里,子男五十里。坒　古文封省。坒　籀文封。

封字甲文作"坒",金文作"坒"(康侯封鼎)、作"對"(召伯虎敦)、作"對"(散盘),古玺作"坒",都和《说文解字》字形相似。甲文和康侯封鼎以坒为封,也与《说文》重文相近。从这些形体去分析,封字的本义是培殖土田的生产。《左传·昭公二年》:"宿敢不封殖此树以无忘《角弓》。"封殖连用,可证封是培植。《左传》在这里是说以土培树,其实以土培植农作物也叫"封"。"坒"即丰收之正字。《诗经》毛传:"丰,丰满也。"培殖生产,必须聚土,所以《周官·封人》郑注说:"聚土曰封。"奴隶制社会中大奴隶主以土地分封小奴隶主,使其以土田进行生产的剥削,这就是《说文解字》所说的"爵诸侯之土"。用聚土作为诸侯边界的标志,并以大社之土封其社,所以这个制度也叫做封。封字的这个意义还可以从古籍中其他方面的记载得到证明。例如诸侯的土田叫"邦"。"邦"字甲文作"峀"，毛公鼎作"𨚵"，六卷《邑部》作"𨛜"，古文作"峀"，实则邦就是封。段玉裁说："邦之言封也。古邦封通用。《书序》'邦康叔'、'邦诸侯'，《论语》'在邦域之中'（郑本作封），皆封字也。"《左传·昭公七年》邦也叫"封略"，说："封略之内，何非君土，食土之毛（苗），谁非君臣。"又十三卷《土部》："培敦，土田山川也。"《左传·定公四年》："分之土田倍敦。"培敦就是倍敦，是用聚土的方法标志边界线（蒙古语中有"敖包"、"鄂博"也是聚土石表界的意思，其形式和"培敦"是相同的）。因此，封字又引申为边界之义。《左传·成公二年》："无入尔封。"杜注："封，竟（境）也。"《周礼》有"封人"，就是管边界的官吏。再有，坟也是聚土作成的，古代坟叫封。如《广雅·释邱》："封，冢也。"《礼记·檀弓》："吾见封之若堂者矣。"《左传·文公三年》："封殽尸而还。"贾逵注："封，识之。"也就是聚土把尸首埋起来做标志。因此，封字有封闭、封锁、封盖的意义。总起来说，"封"字以聚土为核心意义，由此产生了一系列的引申义。

有时我们需要联系古代社会发展的状况、古代生活的习俗才能考察出字的本义与引申义之间的联系。如：

一卷《玉部》：王 石之美。外象三玉之连，丨，其贯也。禹 古文玉。

玉本来是一种最光泽最美好的石头。我国中原地区在石器时代并没有玉,最初是从西北新疆传入黄河流域的。到了铜器时代,人们由于石器时代遗留的爱好,统治阶级便把它作为国家的重器(如圭、璋、璧、璜、琮、琥等)和极其贵重的装饰品(如珩、珥、瑱、璹[shú,音赎]等)。所以《说文解字》里玉字的形体,就是统治阶级用玉作装饰品的佩玉的形象。同时因为古代社会的人把玉看得十分珍贵,非常美好,所以玉字的字义也就引申为美好。例如《尚书·洪范》:"惟辟玉食。"玉食是极珍美的食物。《诗经·民劳》:"王欲玉女。"玉女是最好看的女子。《礼记·玉藻》:"盛气颠实扬休,玉色。"玉色是军队中战士最壮美的颜色。古书里有"玉貌",并不是形容其貌似玉石,应直接训为美貌。

有时《说文解字》对某些字的说解与古籍中对该字的使用情况不尽相合,这就不仅需要注意古代生产生活状况,而且要旁搜佐证,才能对许慎所列的本义有所了解,进而分析由此本义派生出引申义的线索、系统。如:

十三卷《率部》:率　捕鸟毕也。象丝网,上下其竿柄也。

古书"率"、"帅"通用。七卷《巾部》:"帅,佩巾也。帅或从兑作帨",是许书的帅为佩巾,以率为鸟网。清代研究《说文》的人对率字训捕鸟网找不出文献上的根据。元代周伯琦说"率即繂之异体"。他的解释是繂字经传或作"缩"。《诗经·采菽》毛传说:"绋,繂也。"《尔雅·释水》孙炎注,以繂为大索。但"率"训捕鸟网并不是毫无根据的。古代用网捕鸟,鸟入网后,必须引纲牵网,才能捉获。《左传·襄公十年》记载晋国带领诸侯攻打偪阳战役中,晋国的主帅荀罃曾骂荀偃、士匄说:"女成二事而后告余。……牵率老夫以至于此。"这是指荀偃和士匄预先策划好灭偪阳以封宋国的向戌,然后请求荀罃发兵。荀罃反对,可是无效,只好随着他们到了偪阳。围攻偪阳数月,雨季到了,二人又请求撤退回国。荀罃恼怒,于是说了上面那一番话。这里所用的"牵率",应当解为"牵网",意即"如同捕鸟牵网一样把我拉到这里"。后来张衡作《东京赋》有"悉率百禽"一句话,也是把率字用为捕鸟网的意思。

网可以牵,所以率字引申为率领。《淮南子·时则训》:"天子亲率三公、九卿、大夫……"此义二卷《辵部》作"達,先导也。"领导军队的人也叫"率"。《荀子·富国》:"将率不能则兵弱。"此义二卷《行部》作"衛,将衛也"。其实達衛都是"率"字的转注。

"率"也有绳索的意义,因为网就是结绳制成的。古代用绳作为衡量土地的标记。所谓"疆以周索",就是以周代法定的绳子量边境。因此,有"准绳"这个词。"准绳"就是法则或限度,因此,"率"又训法则、限度。"率"也可读作吕戌切。《孟子·尽心下》:"羿不为拙射变其彀率。"张弓时,弓与弦之间的距离数字有一定的比值,叫"彀率"。这就是今天所谓"圆周率"、"出勤率"的率。

三卷《隶部》:**隶** 及也。从又,从尾省。又,持尾者,从后及之也。

隶字原指捕获禽牲,后出字作"逮",因而捕人也叫"逮"。《汉书·王莽传》:"逮治党与。"今读 děi。隶训"及",引申为连及。《史记·秦始皇本纪》:"以罪过连逮少近官三郎。"连逮就是"连及俱捕"的意思。现代汉语以"带"为之,如"连带"、"携带"等,本是隶字。

十三卷《田部》:略　经略土地也。

经略是画界。《诗经·灵台》:"经之营之",意谓画定灵台的地基。《孟子》:"经界不正",即画界不正。略字亦训为绘画,《史记·赵世家》:"主父所以入秦者,欲自略地形。"略地形就是画地形图。《墨子·小取》:"摹略万物之然,论求群言之比。"摹略就是摹写。经略引申为经营谋划,这和图字引申为谋求,画字引申为计画是一样的,凡是绘画之义都可以引申为谋略之训。表示谋略义又有"虑"字。十卷《思部》:"虑,谋思也。"虑字其实也是略字的引申。

略字又引申为粗疏综计之词,如"大略如是"、"略知一二"之类。古代亦作"无虑"。《周髀算经》:"无虑后天十三度十九分度之七。"注:"无虑,粗计也。"十二卷《女部》又有"嫴"(gū,音估)字,训"保任也"。段玉裁说:"凡事之估计豫图耳",引申为综计之意。《广雅·释言》:"嫴,榷也。"又《释训》:"嫴榷,都凡也。"《汉书·陈咸传》:"没入辜榷财物。"字又作估或沽。现代汉语谓不知物之实数而粗略计其价值叫"估价"。嫴与略韵相近,其实就是古代的略字,《礼记·檀弓》郑注:"沾犹略也。"

十四卷《𠂤部》:隄　唐也。

案此说解应该和篆文隄字连读为句,作"隄,隄唐也"。《逸周书·作雒篇》有"隄唐"这个词。"隄唐"就是"池塘"(《说文》无"池"、"塘"二文)。池塘,今浙江方言犹读隄唐。

隄与塘是一个事物的两个方面,隄是阻水的屏障。《荀子·王制》:"修隄梁。"杨倞注:"隄所以防水。"《尔雅·释宫》:"隄谓之梁。"李巡注:"隄,防也,障也。"隄也作堤。《左传·襄公二十六年》:"初,宋芮司徒生女子,赤而毛,弃诸堤下。"堤即隄字。后起之"池"字亦同。《大戴礼记》:"鱼跃拂池",是说鱼在水内蹦跳从水的边崖擦过。晋代左思诗:"衣被皆重池",是说衣服被子都沿镶双重边。唐代又把沿边的毡子叫"池毡"。塘指池内洼下可以蓄水的地方。《国语·周语》:"陂唐污庳,以锺其美。"《淮南子·说山训》:"坏塘取鱼。"唐、塘都是说地势洼下,"坏塘"是淘干了水。塘就是池内的空膛。因此唐、塘引申可以训空。二卷《口部》:"唐,大言也。"实即说空话。由此可知隄与唐不能互训。《说文》以隄唐作隄字的说解,并不是以唐训隄。

以上诸例,都说明一个词的几个义项之间是本义和引申义的关系,这就是词义的系统性。还说明词的引申义不是主观臆测凭空捏造的,而是根据语言的实际切切实实地考察出来的。我们系统地全面地理解词的含意,不仅在整理古代文献上是十分需要的,就是对于现代汉语,也能加深我们的理解或纠正错误的认识。

在《引言》中我们曾经以"横"字为例说明这个道理,现在再举一例:

三卷《言部》:"课,试也。"又:"试,用也。"试就是在实践中试试看的意思。《楚辞·天问》:"何不课而行之。"就是何不试而行之。课字引申而有考核的意思。孔稚珪《北山移文》:"常绸缪于结课",意思是常缠在考核等第这样的事情里。考试过去也叫考课,也是在实践中考核一下的意思。现在学生做作业,也叫做功课。"功课"一词始见于《汉书·薛宣传》:"宣考绩功课,简在两府。"是说薛宣考查成绩,核定事功的等级,都是光明正大地在丞相、御史两府里进行。所以"功课"就是考核功效定其等第的意思。在学习上所谓功课也是把学到的知识到实践中考核一下,看看功效如何。又现代汉语有"课税"一词,所谓课税,就是稽核规定收税的数目。至于课程的课,应是科字的假借,七卷《禾部》:"科,程也。"

有时,我们需要把《说文》中有关的形体、说解联系起来才能考察出字义的系统。如:

一卷《王部》:皇　大也。从自。自,始也。始皇者,三皇,大君也。

许慎对皇字形体的分析是错误的。那么,皇字何以训大呢?皇字在金文中作𝌿(毛公鼎)、𝌿(宗周钟)、𝌿(颂鼎)、𝌿(召尊)。近人汪荣宝以为皇是祭祀时戴的一种冠。首先从古代文献来看,《礼记·王制》云:"有虞氏皇而祭,夏后氏收而祭,殷人冔而祭，周人冕而祭。"在这里，"皇"、"收"、"冔"、"冕"正是相当的，所以郑玄注曰："皇，冕属也，画羽饰焉。"在《周礼·地官·舞师》中则提到有"皇舞"，其文曰："教兵舞帅而舞山川之祭祀，教帗舞帅而舞社稷之祭祀，教羽舞帅而舞四方之祭祀，教皇舞帅而舞旱暵之事。"郑司农说："皇舞，蒙羽舞，书或为䍿。"又《春官·乐师》也说："凡舞，有帗舞，有羽舞，有皇舞，有旄舞，有干舞，有人舞。"郑注："故书皇作䍿。郑司农云，皇舞者，以羽冒覆头上，衣饰翡翠之羽。"由此可见，"皇"与"䍿"同，四卷《羽部》曰："䍿，乐舞，以羽翿（chóu，音筹）自翳其首，以祀星辰也。读若皇。"以上这些记载，都说明"皇"本是一种有羽毛装饰的冠，于祭祀跳舞时用之。至于这种冠的形制，则类似汉代的建华冠。清惠士奇曰："皇谓冠，即《文选·东京赋》所谓'冠华秉翟，列舞八佾'者，亦即《独断》之建华冠，饰以羽，若有虞氏之皇，故名曰皇，先郑所谓蒙羽舞者即此。"建华冠也叫鹬冠，鹬和皇古音相同。《左传·僖公二十四年》："好聚鹬冠。"杜注："聚鹬羽以为冠。"孔疏引李巡则曰："鹬鸟一名翠，其羽可以为饰。"据此，我们就可以知道，皇就是在冠上装有羽毛为饰，皇舞就是戴着这种"皇"所跳的一种舞蹈，这就是所谓"以羽冒覆头上"。再从字形上来看。八卷《皃部》："皃（biàn，音弁），冕也。周曰覍，殷曰吁，夏曰收。𩑶，籀文覍。从廾，上象形。𠓕，或覍字。"𠓕是覍的或体，隶变作弁，就是弁冕的弁。其字之篆体上从𦥑，下从儿，正象人着冠之形。其上与皇字之𦥑，其形全同，⊟为冠卷，小即羽饰也。皇字下从"土"，乃象置冠之架。盖此冠系祭祀时用之，非平时所着，故置之架上以尊阁之也。至于籀文从囟，乃囟之变形，艸者奉持之也。所以，皇之本义为饰羽之冠，这从字形上也是可以证明的。

　　"皇"之本义既为五采鸟羽作装饰的帽子，故引申有自上覆下之意。七卷《襾部》："襾，覆也。从门上下覆之。"襾音呼讶切，即所谓夏屋的夏，《楚辞·哀郢》："曾不知夏之为丘兮。"王逸注："夏，大殿也。"也就是今厦字。皇和夏为唐模对转，所以夏也就是皇。《汉书·胡建传》："于是当选士马日，监御史与护军诸校列坐堂皇上。"师古注："室无四壁曰皇。"只有屋顶，没有墙壁的房子叫皇，正和弁冕之自上覆下是一样的。因此，皇又有广的意思，《庄子·知北游》："其来无迹，其往无崖，无门无房，四达之皇皇也。"这是形容至道之广阔无涯，就如同没有四壁门户的房子，能宏达四方博通万物。所以"皇"也作"廣"，九卷《广部》："廣，殿之大屋也。"《汉郊祀歌》："朱涂廣，夷石为堂。"即言以丹涂堂皇，以平石为堂基。"皇"与"廣"本皆指屋顶，引申而有广大之义。因而从皇之字多有广阔空旷之义，如"鍠"为钟声，"瑝"为玉声，皆宽大洪阔之声；又如城池无水曰隍，则取空虚之义也。由此可见，一卷《王部》"皇"字训大，实堂皇一义之引申。在汉字中，这类现象很多。有时是用双声相转或叠韵相变的方法来区别本义和引申义，如皇与襾与廣是也。有时则按"转注"的原则另制新字，分别使用，如"皇"、"鍠"是也。但是推溯语源，不难看出是一义的引申。这类现象之所以产生，都是为了更清晰地标志词义。

四、运用《说文解字》分析假借现象

声音是语言的物质外壳,作为书写语言的工具——文字,主要是记录语音。古人使用汉字记述语言,绝对不可能处处拘守字形,字字用其本义,而往往是借用同音字记录语音。换言之,造字时是以记录语音为重要原则,用字时更是以文字标志语音,使读者因声以知义,因而通借之用更加广泛。

了解汉字的这一特点,掌握同音通借的规律,对于我们认识古今汉语及其与文字的关系、对于阅读和整理古籍都有很重要的意义。例如:

《汉书·丙吉传》:召东曹案边长吏琐科条其人。

张晏注:"琐,录也。"句谓"召集丞相的属员东曹案边长吏填写边郡官吏的履历表或登记表"。"琐"训"录",就是记录(录字本义训刻木,古代书写与刻镂是一回事,所以录又引申为记录)。但一卷《玉部》:"琐,玉声也。"根本没有"记录"的意义。《丙吉传》之"琐",实为"疏"之借字。《汉书·苏武传》:"数疏光过失。"颜注:"疏谓条录之。"这个"疏"就是《丙吉传》的"琐"。疏字兼有刻镂和记录义。《礼记·明堂位》中的"疏屏"是刻有云气形的围屏;《仪礼·有司彻》中的"疏匕"是刻画柄头的匕。而"琐"字借为"疏",只取其记录义。

"琐"字又指君门。《离骚》："欲少留此灵琐兮。""灵琐"即国君之门。汉代也以琐为君门之大名，叫"青琐"。"琐"本是古代君门上刻的连串的射孔，是一种防御的设施。汉代君门用青色涂户，而在两旁刻着连串射孔状的装饰，故名青琐。这也和"琐"字的本义无关，而是"䟱"的借字。二卷《疋部》："䟱，门户青疏窗也。"段玉裁谓古疏䟱通用。《庄子·盗跖》："内则疑劫请之贼，外则畏寇盗之害；内周楼疏，外不敢独行。"《荀子·赋篇》："志爱公利，重楼疏堂。"这两处的疏字都和䟱字是通借字，更可证明古代门户上刻窗孔以通箭路，有防盗贼的作用，也可通气透光。从通孔的意义上说则作"疏"（十四卷《厶部》："疏，通也"），从门户的形制上说则作"䟱"，实则一事。

"琐"又有锁链义。《说文》无锁字。"锁"是琐的后出字，是由君门名"琐"而孳乳产生的。王逸《楚辞章句》说："文如连琐"，可知最初君门的射孔制成连接成串的形状，后用铁环连接成串就称"锁链"。但汉代尚无"锁链"之名，而叫"锒铛"。十四卷《金部》："锒铛，琐也。"段玉裁云："汉以后罪人不用累绁，以铁为连环不绝系之，谓之锒铛，遂制锁字。《汉书·西域传》：'阴未赴，锒铛德'，谓以长锁锁赵德也。"推求"锁"的根源，是由于青䟱形似"锁"，这也是"䟱"的引申。又如：

> 《尔雅·释天》：载，岁也。唐虞曰载。

十四卷《车部》："载，乘也"，与年岁义无关。用为标志年岁，则是"兹"字的通借。《左传》:"今兹鲁多大丧,明年齐有乱。"今兹与明年相对,兹就是年。《孟子》:"今兹未能,以待来年。"今兹又和来年对举。《吕氏春秋》:"今兹美禾,明兹美麦。"对句都用"兹"字。一卷《艸部》:"兹,草木多益也。"用草木蕃殖标志时间,与"年"训"谷熟"、"稔"训"谷熟"而都用来标志时间的道理是一样的。草木每岁蕃殖一次,于是初民据以造兹字;农业发展以后,才有"年"、"稔"。从《说文解字》分析形体时所提供的声音线索看,载从<code>𢦏</code>声,𢦏从才声,而𧆝字重文作"𪓊",可知才与兹古同音。载字训岁确为兹字之通借无疑。

许慎的《说文解字》本来是因形以释义的专书,但许慎在说明字义时,也多用通借之字,并不全受字形的束缚、完全遵守字的本义。

首先,我们看看许慎是怎样以同音假借来推求字形的结构的。例如:

十四卷《酉部》:醉 卒也。卒其度量不至于乱也。一曰,溃也。从酉,从卒。

八卷《衣部》:"卒,隶人给事者为卒。卒,衣有题识者",则此卒字与醉字所从之卒意义毫不相关。醉字所从之卒(包括训释中的卒)是终了或完结的意思,其本字当作"猝"。"大夫死曰猝"(见四卷《歺部》),引申为一切事物的完了或终结。又如:

二卷《口部》:咸 皆也,悉也。从口从戌。戌,悉也。

段玉裁云:"戉为悉者,同音假借之理。"这就是说,咸字所从之戉,其实是悉字的同音借用。所以许慎对于咸字的字形分析也就反映了文字构造中的同音通借的现象。章炳麟先生不同意许慎对咸字的说解。他认为咸字应训"绝灭",根据是《尚书》"咸刘厥敌"、《逸周书·世俘解》"咸刘商王纣"两文中的咸字,都与刘字相连,为同义词的复用,既然刘本训杀,咸字亦应训绝灭。他认为"咸字从戉,戉者灭也",即咸字所从之戉不是悉字之同音借用,而是用的本义。章说犯了拘守字形的错误。其实许慎以咸字入口部,是依据《周易》咸卦之咸,"咸,感也",是口与外物相结合的意思,就是"咸其拇"、"咸其腓"、"咸其股"、"咸其脢"、"咸其辅颊舌"的咸。至于章炳麟先生所根据的《尚书》"咸刘厥敌"的咸,许慎则以为是戕字(歼之古字)的同音假借。十二卷《戈部》:"戕,绝也。从从持戈。古文读若咸。""古文"指《古文尚书》。这里的"读若",是许慎用"读若"以明古书中通借的范例。也就是说,在《古文尚书》里,"戕"和"咸"是同音通用的。许慎的这个说法,反而比章说较为明确。

其次,再看许慎是怎样以同音通借来说解字义的。例如:

七卷《瓜部》:瓢　蠡也。

五卷《豆部》:䘏(jǐn,音谨)　蠡也。

"瓢"与"䘏"都是饮器。一个匏瓜剖成两部分,每一部分都叫瓢,古人用以饮水,又用其圆而较小者饮酒。䘏也是瓢,不过是婚礼上用的。举行婚礼时，两个瓢合在一起放在新房里，新郎新娘各用一个饮酒叫"合卺"（见《仪礼·士昏礼》）。而十三卷《蚰部》："蠢，虫齧木中也。"显然这决不是瓢、卺的字义。扬雄《方言》有"蠡"（lí，音丽）字，《说文解字》又未收入，可见"蠢"也不是"蠡"字的借用。那么，瓢、卺为什么训蠢？其实蠢是丰字的同音假借。许慎是以丰为酒器的，五卷《丰部》"豑"（zhì，音秩）字从丰从弟，训"爵之次弟也"，可证（即秩序之秩）。这是许慎在说解中不拘守于本字本义的有力的证明。许慎在说解中用通借的地方极多，如一卷《一部》"吏，治人者也"，而治是水名；十四卷《金部》"银铛，琐也"，而琐为玉声，等等，不胜枚举。

古人早已懂得这个道理。所以汉代人注释古籍常常用"声同"、"声相近"以通字义，或用"声误"和"方音之变"去分析字义，决不拘守字形。清代训诂学家更进一步考明古今的语变，以音理贯穿义诂，力求清除"望文生义"的流弊，尽量准确地解释古代的书面语言。现在，我们有科学的语言学理论作指导，更应该在前人研究的基础上透彻地了解语言的本质、语言和文字的关系，借助于《说文解字》在同音通借方面给予我们的启示，科学地、正确地分析古语、解释古书。

怎样利用《说文解字》做到这一点呢？

当我们翻检《说文解字》，发现本字下的训释与该字的一般常用义毫无牵涉时，古书中所用之该字就有可能是假借，我们即应另寻其所假之字。例如：

《素问·风论》：顾问其诊及其病能。

十卷《能部》：“能，熊属。”《风论》之能与熊属之能显然无关。按“病能”即“病態”。十卷《心部》“態”下云：“意也。从心能。㣧，或从人。”段玉裁说：“心所能必见于外。”这就是说表现在外面的形状为“態”。因此“能干”的意义也应作“態”、作“㣧”，也与熊属的能字无关。《荀子·正名》：“所以能之在人者谓之能，能有所合谓之能。”下句里的“谓之能”就是“谓之態”。《尚书·舜典》：“柔远能迩”，郑注：“能，姿也。”也是用能为態字。又如：

《汉书·叙传》：共谏伯宜颇摄録盗贼。

十四卷《金部》：“録，金色也。”与《叙传》之録无涉。案《叙传》下文云“分部收捕”，此録字与收捕之收为近义词。三卷《攴部》：“收，捕罪人也。”《诗经》毛传：“屈，收也。”毛传以收解屈者，讲的是捕人必捆系之，而捆系则必屈其手足。“録”字也是捆系的意思。汉晋人多谓捆绑为録。《晋书·温峤传》：“敦为大逆之日拘録人士。”拘録与摄録同，拘和摄都是逮捕的意思，録是捆绑，两义大致互相关联。“録”字作束缚讲，在汉以前就这样用了，不过那时録字不单用，而是“历録”连文。《诗·小戎》：“五楘梁辀。”毛传：“楘，历録也。一辀五束，束有历録”。可知“历録”是用革韦交叉束缚形成的花纹，因而録和历録都是交叉捆绑，大概汉代逮捕罪犯已经是五花大绑了。但此义与“金色也”，与“录”下“刻木也”均无关。就其声音考察，“历録”也作“离娄”、“离楼”（《文选·景福殿赋》、《长门赋》、《鲁灵光殿赋》)，"刻録"也作"刻缕"，可见"録"、"娄"同声。三卷《革部》："䩮，生革可以为缕束也。"録即缕束的意思，"録"、"录"都是"缕"的同音假借。

有时，《说文解字》说解中所列出之或体可以为我们提供同音假借的线索。例如：

《尚书·大诰》：民献有十夫。

案大盂鼎铭文："易女邦䚍四白，人鬲自取至于庶人六百又五十又九夫，易尸（夷）䚍王臣十又三白，人鬲千又五十夫。"近人谓"鬲"即献字（孙诒让谓鬲为历）。所谓献民即周灭殷时所俘虏的殷民（小奴隶主）。大盂鼎是周成王器，与《大诰》同时，解鬲为献是对的。但何以"民献"、"人鬲"（即献民、鬲民）以及"献臣"（《尚书·酒诰》）作如此解？据三卷《鬲部》，鬲为"鼎属"，为煮食物的一种器皿，献为宗庙的羹献，都不能用来解释"民献"之献。此献字实为辥字之假借。献、辥古同音。六卷《木部》"欂"之或体作"欒"；《诗·硕人》"庶姜孽孽"，《韩诗》作"庶姜辥辥"；《吕氏春秋·过理》"宋王作欒台"，高诱注："欒，当作辥"，"其音同"（"台"原作"帝"，依高诱说改）。可证"欒""辥"同音（欂、瀷也都读欒）。十四卷《辛部》："辥，辠也。"可知献民即辥民，献民、献臣、人鬲都指被俘获的"罪人"，亦即奴隶。

有时《说文解字》在别的无关的说解中可以为我们提供说明同音假借的证据。例如：

《公羊传·宣公十二年》：君如矜此丧人，锡之不毛之地,使帅一二耋老而绥焉。

何休注:"墝埆不生五谷曰不毛。"古代这种用法甚多,如《左传·昭公七年》:"封略之内,何非君土;食土之毛,谁非君臣";诸葛亮《出师表》:"五月渡泸,深入不毛";《周礼·载师》:"凡宅不毛者有里布。"(《载师》所说"不毛"则指不种桑麻)毛、苗古音同,上述各例均以毛为苗之借字。这一论断从《说文解字》是否可以得到证明呢? 毛、苗二篆下的说解没有涉及这个问题,但在五卷《虎部》"虦"下说:"虦,虎窃毛谓之虦苗。"显然许慎在这里用的是同音代替的方法("窃"、"虦"亦同音,故下文又云"窃,浅也"),可证苗可借为毛。

有时《说文解字》连这种他见的线索也没有为我们提供,但却另有通借之本字,只要我们遵循"因声知义"的原则,还是可以寻出其本字之形的。例如:

> 《素问》:风懿者,奄忽不知人。

"风懿"是中风血管堵塞以致昏迷的病症。但十卷《壹部》:"懿,专久而美也。"与"风懿"无关。考其本字当作"欹"。八卷《欠部》:"欹,嘅也。"《唐韵》音乙冀切,则欹与懿同音。欹又与噎字同。《诗经·黍离》:"中心如噎。"毛传:"噎谓噎憂不能息也。"("憂"当作"嘅",就是堵塞气息不通。)二卷《口部》:"噎,饭窒也。"析言之,食物堵塞食道呼吸不便叫噎;血液堵塞血管,流通不便叫欹。从表面上看都有呼吸不便的特点,而其症状则完全不同。《素问》之"风懿症"属于后者。

汉字中同音假借的现象是很多的。常常有这种情形:有些字由于假借既久,本字反而不通行了。我们如果能借助于《说文解字》,从同音假借方面去寻求一下它的本字本义,对加深我们对这些词的理解和对汉字发展史的认识,是很有帮助的。例如"风尘仆仆",仆字绝不是童仆之仆,而是"奰"的假借:"奰,行奰奰也,读若仆",是形容走路的样子。又如"衣冠楚楚","楚"并不是荆楚之楚,而是"黼"之借字,七卷《黹部》:"黼,会五采鲜貌",是形容衣裳上的五采绘绣鲜明的样子。又如"颠沛流离","颠沛"是"蹎跋"的借字,二卷《足部》:"蹎,跋也","跋,蹎也","蹎"、"跋"都是跌倒的意思。又如"飞扬跋扈","跋扈"是"暴横"的借字,所以有骄傲而专横的意思。当然,事实上有些假借现象单纯从运用现代汉语或一般阅读古书来说已经没有了解其本字本义的必要,但对于我们研究汉语的文字词汇史却仍然是有用的。例如:纸张的张,本字是箦,为抄纸用的竹帘;鞠躬的鞠,本字是匋,训曲脊,等等。对于这类假借,我们也应予以注意。

五、充分利用旁见的说解

《说文解字》解释字义、字形,不仅在本篆的说解里加以说明,有时在另一个篆文的说解里也涉及到该篆文,往往对该篆文的形体或字义作出不同的说解。我们称这种解释为"旁见的说解"。这是研究《说文》的重要材料,曾为前人所重视。

旁见的说解可以说明原篆的形、义,并且能纠正原篆下说解的谬误。例如：

> 十四卷《巳部》：🐍（巳）　巳也。四月阳气已出，阴气已藏，万物见，成文章。故巳为蛇。象形。

> 九卷《包部》：🐍（包）　妊也，象人裹妊，巳在中，象子未成形。

古代把干支字排列组合起来计日，其后用来计年计月，最后又用以计时。汉代历律家非常重视干支字，解释时采用阴阳五行之说，给它涂上一种神秘色彩。其实，干支字本来各自标志不同事物，也就是各有其本义，不过古人用这些文字错综起来，借为标志时间的词语而已。许慎把干支字汇集在《说文》十四卷下，时风所尚，不能不用阴阳五行之说。但有某些以干支字构形的篆文，其用作偏旁的干支字与用作标时的干支字，在形义上有很大差别。许慎则对某篆下作为偏旁的干支字，别作说解。这些说解反而较原篆下的说解正确得多，这就表明古人用作标时的十干十二支的字并非古人造字的原意，只是借用而已。巳字之例就可以说明这一点。

"巳"字的本义应从包下的说解训胎儿。盖巳即古胎字。在胎包中成长的小儿叫巳，初生的小儿叫子，其实子与巳是一语之变。甲骨文字有🐍、🐍二形，但用为十二支，则以子代巳。《广雅·释言》："子、巳，似也。"亦以子、巳同音互训。训"似"者，"似"即嗣字。《诗经·小雅·斯干》："似续妣祖。"毛传："似，嗣也。"郑笺："似读如巳午之巳。"八卷《人部》："似，象肖也。"所谓肖和不肖，亦指能否继承父志或祖业之意。已与已为一字之变。《墨子·经说》:"自前曰且,自后曰已",则由"祖"、"子"引申,就时间说,祖在前而子在后;就一事来说,则未出现之前叫"且"(《尔雅》:"将,且也。"),出现以后叫"已",故"已"有已然之义。又如:

十四卷《申部》:申(申) 神也。七月阴气成体,自申束。从臼,自持也。吏以餔时听事,申旦政也。𢍌 古文申。𦥔 籀文申。

十三卷《虫部》:虹(虹) 螮蝀也。状似虫,从虫,工声。𧍒 籀文虹。从申。申,电也。

"申"字应根据籀文虹下的说解来理解。这样,不但在字义上可以得出确解,而且在字形方面也能找出了形象的根原和笔势嬗变的迹象。案申字甲骨文作"𢏐"、"𢏌",金文作"𢏌"(杜伯簋)、"𢏌"(克鼎)等皆与籀文虹的申旁相同。本象电光闪烁的形状。申下籀文乃笔势小变,篆文又变成工整字形。古文则或以绳索象征电霆屈旋之状,也属于笔势的变化。

从字义上看,电光有明亮义,"光"与"明"同义。训神,"神"即"明",古人崇拜光明,故以明为神。即所谓"神明"。电光屈申般旋,是申为屈伸之伸,申、伸亦有明义。古"屈申"字或作"屈信",《诗经·氓》:"信誓旦旦",是信字亦有明义。又如:

四卷《叀部》:叀(叀) 专。小谨也。从幺省,屮,财见也。屮亦声。𢶆 古文叀。𢹎 亦古文叀。

四卷《叀部》:叀（叀）　碍不行也。从叀,引而止之也。叀者,如叀马之鼻。从止。与牵同意。

《说文解字》以叀为专壹之古字。所以先以汉代通用的专字解释叀字。十卷《壹部》"壹"下说,"专壹也"。可见汉代以专为叀①。然后用"小谨"说明专壹的词义。但分析字形时,却未能说清楚所以训"小谨"的根原。段玉裁注补出"田,象谨形"四字,不但毫无根据,而且更使人难以了解其形象。幸而许慎在叀字下作了较详细的说明,如"从叀,引而止之也","叀者,如叀马之鼻","与牵同意"等,才使我们对叀字的形象和字义能加深理解。

第一,先看"与牵同意"一句。《周礼》常说"牲牵"、"牵傍",皆指牛,也就是谓牛为牵。兽（獸）与畜古本同语,都读"许救切"(xiù)。在人类生产发展过程中,狩猎曾是获得生活资料的主要手段,等到人类学会了驯养兽类时,便用不同的词来区分不同类别的劳动对象,于是对潜居山林中的叫兽,对经过人们驯养可以在生产中用作劳动工具的叫畜。这些牲畜中的牛马,或穿鼻系绳,或衔嚼施缰,控制牵引,引之而行,勒之则止。这就是《说文》所说的"引而止之也"。牵即牵引牵掣的意思,所以牛又叫牵。

第二,玄即牵字,叀即拴繫字。十三卷《田部》:"畜,田畜

---

① 这种先用今字释古字,然后说其字义的方法,是许书的体例之一。如二卷《采部》采下的说解:"辨别也。"也是用的这种方法。

也。淮南王曰:'玄田为畜。'𤱡,《鲁郊礼》从田从𢆶。兹,益也。"畜是在田地里进行生产的。"玄田"就是牵在田中的意思,"玄田为畜"是说由人牵在田中使行使止进行耕作的叫做畜。可见玄即牵字。《汉书·景帝纪》载汉景帝的诏书说:"郡国或硗陿,无所农桑毃畜。""毃畜"即繫牲,也就是牵牲(《周礼·司门》:"祭祀之牛牲毃焉。"《校人》:"三皂为毃。"皆繫字。《周易·繫辞》《经典释文》本作毃)。毃字从叀,繫从毃声。所以繫畜即叀畜①。由此得证《鲁郊礼》的𤱡字上从之𢆶实𢆶之复体,非兹字。则"玄田"等于"叀田"(𢆶古文叀,复体与单用同)。

第三,𢆥(玄)与𢆈(叀之古文)同形。四卷《玄部》:"𢆥,幽远也。黑而有赤色者为玄。象幽而入覆之也。𢆈,古文玄。"《释名》:"玄,悬也。如悬物在上也。"这是说玄本象绳索形,其用则有悬、牵二义。玄古文之形亦象绳索,所以叀下说:"叀者如叀马之鼻"(段玉裁说,"马当作牛"),即用绳索牵引义。作叀者,不过在当中加十字形,这就如同米本以∴象米粒形而写成米或※。采本以'象兽足迹形而加十形。又如雷字甲骨文作𤔌作𤴐相同。曆字金文作𥩦作𥩦不异,这不过是因为汉字都是方形,用十使其整齐而已。

① 《汉书·景帝纪》注:"毃,古繫字。"西汉帛书凡繫字都作毃。如马王堆三号汉墓出土的《医经方》中《十一脉灸经》足少阴脉"循脊内上兼,出肝,毃舌□"。其第二种甲本"少阴脉:毃于内踝外廉,穿腨,出胎中央,上穿脊之□廉,毃于肾,夹舌","厥阴脉毃于足大指丛毛之上"等等,皆作毃字。

第四，“𠧢，亦古文叀”。这个说解只确定了𠧢是叀字而未分析其形体结构。案三卷《殳部》𣪠下说：“揉屈也。从殳，从𠧢。𠧢，古文叀字。廄（jiù）字从此。”又十四卷《斤部》：“𣃔，古文断。从𠧢。𠧢，古文叀字。”𣪠（jiù，音旧）从𠧢之义训，𣃔从𠧢得声。则𠧢有揉屈之义，也就是汉代人所说的“紾转”（见十三卷《糸部》）、“抮转”（见郑众《考工记》注）。廄，马棚，是系马伏枥之所，故从𠧢有牵系之义。

第五，叀为专壹字而训小谨义，即今语“拴”字，用绳子拴上使不放恣，这就可以引申为“专壹”的意思（“壹”是壶上堵塞使不泄热气）而有“小谨”义。

综合言之，𠧢下的说解纠正了叀下说解中“从幺省，屮，财见也。屮亦声”的错误。我们把两处说解拿来对照才能对叀的形义有正确的理解。

旁见的说解还可以对原篆的词义和说解有所补充和说明。例如：

九卷《卪部》：𠨍　二卪也。巽从此。阙。

五卷《丌部》：巽　具也。从丌，𠨍声。𢁉　古文巽。𢁋　篆文巽。

二卷《辵部》：選（選）　遣也。巽，遣之。

在選字下所解释的巽的义项，实际上是对𠨍、巽二篆说解的补充。古代凡派遣人办事，必有符节。《周礼》有“掌节”之官，秦书八体有“刻符书”，汉官有“符节令”。符节是两节合符。𠨍训二卪，二卪即合符之意。两节合符手续才算完备，所以巽训具。叱与巽古为一语之变。符节的制度见于《周礼》。《地官·掌节》说:"凡通达于天下者必有节,以传辅之。无节者,有幾则不达。"这正是"选"下说解"遣也"、"遣之也"的意思。("幾"就是关津要塞,是有官吏检查行人的地方。《周礼·大司徒》:"六曰去幾。""幾"是关津。《天官·宫正》:"幾其出入。""幾"是检查。这种关津检查的制度一直延续到后代。)至于符节的形制,历代王朝有所改变。春秋时代,符节多用玉。如《春秋公羊传》:"陈乞与阳生玉节而走之。"自战国时起,以金属铸成动物形象为之。如《史记》叙信陵君窃虎符救赵,又如《汉书·文帝纪》:"初与郡守为铜虎符。"再后则多用竹木,也兼用缯帛,又名之曰"传"。《汉书·文帝纪》:"除关无用传。"张晏注:"传,信也,若今过所。"("过所"就是后来的路条、通行证)如淳《汉书注》:"两行书缯帛,分持其一。出入关,合之乃得过,谓之传也。"颜师古《汉书注》:"古者,或用棨,或用缯帛。棨者,刻木为合符也。"汉代符节用木版者叫"棨"。六卷《木部》:"棨,传信也。"用缯帛者叫"繻"。《汉书·终军传》:"官吏予军繻。"汉代以后,符的名称只保存于道士遣神捉鬼的画符(捉鬼画符实际是沿袭汉代宫中诏符的形制,如云"敕如律令",见于汉律;"五部功曹"是汉官)。而符的声音又转为 piào,字作"票"。宋代法庭传人有传票。其后"票"的施用甚广,如货币叫钱票,乘车用车票,看戏用戏票等等,这些"票"字都是古之"符"字的演变。又如:

十四卷《𨸏部》:陸 高平地。从阜,从坴,坴亦声。

𨽍　籀文陆。

一卷《屮部》：芬　菌芬，地蕈。丛生田中。𦬖　籀文芬。

五卷《夊部》：夋（夋）　越也。从夊，从允。允，高也。

十三卷《黽部》：𪓨　允𪓨，詹诸也。其鸣詹诸，其皮𪓨𪓨(cù，音促)，其行允允。

综合上面的材料来看"陆"字。"陆"是高平地。据《尔雅》说："大野曰平，广平曰原，高平曰陆"，则"平"是大野之名，平之高者为陆。《左传·定公元年》说晋国执政者魏献子舒奉晋君命公干"而田于大陆，焚焉"。这是说魏舒私自开辟了田亩，并且进行了火耕。焚是焚莱，古代选择草木繁多的地方烧田开垦。在黄河流域内必须择高平之野以为农田才能防止洪水淹没。"大陆"就是高平地，杜注："疑此田在汲郡吴泽荒芜之地（今河南卫辉附近）。"可见春秋时代"野"、"原"、"陆"都是黄河流域开发农田的对象，而陆以高得名。

陵、陆双声。《穆天子传》："爰有陵衍平陆。"郭璞注："大阜曰陵，高平曰陆。"陵、陆语出于允。"夋"下说："允，高也。"由是引申为高的动作，夋训越而陆训跳。《庄子·马蹄》："翘足而陆。"司马彪注："陆，跳也。"这也就是𪓨下所说"其行允允"的意思。又《史记·秦始皇本纪》："三十三年，略取陆梁地，为桂林象郡南海，以適遣戍。""陆梁地"在十三卷《土部》坴字下作"坴梁"。段玉裁说："盖其地多土块而土性强梁。"

案段说误。陆梁即跳梁、跳踉。这是说那里的人民游徙跳窜，不能安土度居。由此可知，"陆"、"坴"、"夅"也都训跳，"夌"训越，也具有跳义。

至于菌夅又名地蕈，是因产于陆而得名，可见菌夅其实就是菌陆。

从以上两组例证可以看出，旁见的说解无论是对原篆的形体及其说解有所匡正还是有所补充和证明，都能使我们更清楚地了解原篆的语原，有助于我们考察字义的演变。

旁见的说解还可以帮助我们认识字词嬗变的踪迹。例如：

> 九卷《厂部》：厤（厤） 治也。从厂，秝声。
>
> 五卷《甘部》：厤（厤） 和也。从甘，从厤。厤，调也。甘亦声。读若函。

厤训治，即治玉之治。厤训和，厤训调，则厤即今语的"调和"。凡食物的用料和制作食物的作料（佐料），现代汉语都叫调和(huó)。厤字一训治玉之治，一训调和，这两个义项似乎差异很大，但从它的语原上讲，是有联系的。七卷《秝部》："秝，稀疏适也，从二禾。读若歷。"禾，是农作物的总名，非自生的野草，而为人工所培育，行列齐整，稀疏适宜，所以秝字训"稀疏适也"。秝字从二禾，禾为嘉谷，是美好的食物，引申为一切美好食物的总名。五卷《皿部》："盉，调味也。从皿，禾声。"盉字是禾的后出字，也就是调和之和的正字，其所指并不限于米谷粮食。所以三卷《鬲部》鬻字下说是"五味盉

羹"。(段玉裁说:"调味必于器中,古器有名盉者,因其可以
盉羹而名之盉也。")秝本指禾,引申也指一切食物稀疏适之
义。《左传·桓公六年》:"嘉栗旨酒。"栗即秝字,指美好食
物。(嘉训善,古代多用以形容食物,如七卷《禾部》谓"禾"为
"嘉谷",《诗经》言"嘉肴",《国语》说"晋之柔嘉"。秝、栗同
音通借,如《论语》:"歷阶而升",《仪礼》作"栗阶"。)秝为一
切食物之称,故厤训调和。秝语变为连绵词"適歷","適歷"
也训调和。《周礼·地官·遂师》郑玄注:"厤者適歷",疏:
"分布稀疏得所,名为適歷也。"汉代又有"芍药"(音 zuó liào)
一词。司马相如《子虚赋》"勺药之和",枚乘《七发》"勺药之
酱",张衡《南都赋》:"归雁、鸣鶏(duó,音夺)、香稻、鲜鱼,以
为勺药。"王充《论衡·谴告篇》:"酿酒于甕(wèng,音瓮),烹
肉于鼎,皆欲其气味调得也。时或咸苦酸淡不应口者,由人
勺药失其和也。"韦昭说:"勺药,和剂咸酸美味也。"文颖说:
"勺药,五味之和。"由前面的材料,可以知"秝"、"厤"《左传》
谓之栗;"適厤"汉人叫"勺药"(王引之说:"勺药之言適歷
也。"见《读书杂志》);今人叫"作料"、"佐料",也都是声音变
化的结果(作料当以勺药为正字)。

至于厤为治玉,使玉成为器物,更必须由人工雕琢使其
"稀疏适也"。

旁见的说解还可以帮助我们准确地理解、诠释古籍。
例如:

五卷《珏部》:**玨** 极巧视之也。从四工。

　　五卷《𡧛部》：𡨆（宾）　窒也。从𡧛，从𦥑，窒宀中。𡧛，犹齐也。

段玉裁说："凡汉人作注云犹者，皆义隔而通之。如《公》、《穀》皆云，'孙犹孙也'。谓此子孙字同孙遁之孙。《郑风》诗传'漂犹吹也'。谓漂本训浮，因吹而浮，故同首章之吹。凡郑君、高诱等每言犹者，皆同此。宾下云，'𡧛，犹齐也'。此因𡧛之本义'极巧视之'，于宾从𡧛义隔，故通之以犹。"段氏每以汉代人注经体例，来注释《说文解字》的体例，但对许书来说并不完全适合。因许慎就字释义，并不拘守上下文。即如此处"犹齐也"，齐与𡧛并非"义隔而通之"，实则𡧛字具有两个不同的义项：一训"极巧视之"，一训"齐"。流传下来的古代文献未出现过𡧛字，都以展字代之（展与𡧛在形声体系中是同音）。《礼记·檀弓》："展暮而入。"注："展，省视也。"此为"极巧视之"之𡧛。而《周礼·充人》"展牲"，郑众注："展，具也。若今时选牲也。"则有调整之义。贾公彦《周礼·司市》疏明确提出"展之言整也"，是皆调整齐一之𡧛。

　　后世注释家于展字"省视之"一义较为注意，于"犹齐也"一训则常常忽略，例如《左传》中的展字，即多用为𡧛字，而具有两个义项：

　　一训省视。如《襄公三十一年》叙述子产至晋国毁馆墙纳车马事时，子产曾说道：

　　　　隶人牧圉各瞻其事，百官之属各展其物。

这两句里，"事"与"物"互文，"瞻"与"展"同义。意思是百官之属（包括隶人、牧圉）省阅审查自己所掌管的事物。

一训调整。例如《成公十六年》：

> 子反命军吏察夷伤，补卒乘，缮甲兵，展车马。

在鄢陵战役中，一开始楚军遭到很大的挫伤，但是楚国中军帅子反刚悍不挠，准备整军再战。这四句话是子反命令军吏整军的措施。前两句说人（战士），后两句说物（武器）。对战士先检查受伤的（夷是为兵刃所伤），然后加以补充。卒是步卒，是车下的战士；乘指车上的战士。后两句是说武器。春秋时代，战争以车战为主，车马是战争的最主要的装备，整军必须调整车马。杜注展训陈。陈是列阵，这是出战时的措施，不是头一天的整军工作，因此训陈于事理不合。有人训展为省视，也不准确。因为《左传》在这里所用的四个动词各有不同的内容，既言"察"，又言省视，似觉重复。按此展字应依《说文》的"辰，犹齐也"，解释为使整齐，也就是调整。楚军在当时打了败仗，车有损坏的，马有伤亡的，必须加以调整，次日才能列阵应战。

又，《诗经·君子偕老》："展如之人兮，邦之媛也。"这个展字也应用"辰，犹齐也"来解释，犹言"好个整齐的人物呀，真够得上是'邦之媛'呀！"（"展如"修饰"之人"）

《说文》中的旁见、附见的材料很多，上面所举不过是其中一小部分。我们应该把这类材料收集起来加以分析和利用，当于注释理解古代文献有所裨益。当然，在利用旁见说解过程中还有一些方法问题，这里就不赘述了。

六、注意《说文解字》的训释字和被训释字

研究《说文解字》，不仅要通过训释字去深入了解被训释字，就是对训释字本身也要作精密分析。首先，把本书所用的训释字调查一下，某些训释字都作过那些字的注释，在注解不同的被训释字时，训释字的字义有那些变化和发展。这一工作无疑将有助于我们加深理解词义。其次，许慎是用汉代语言来注释周秦语言的。今天，我们对汉代语言也是生疏的。因此会产生这样一种情况，就是我们对某些还活跃于今天的周秦的语词，还比较容易理解，而对于今天已不使用的汉代语词，反倒不容易理解或根本不理解。遇到这种情况，我们就可以用被训释字反过来研究训释字，这样就更能得到深刻的体会，得出准确的解释。总之，训释字与被训释字是今古的关系，我们研究词义，不仅仅要注意被训释字，也必须重视训释字，两者要互相参证，相互比较。这样，就能对古代汉语的词义以及汉语词汇的发展演变历史了解得更加准确、全面和深入。例如：

> 十卷《心部》：忍　能也。

案十卷《能部》："兂（能），熊属。"《国语·晋语》："今梦黄能入于寝门。"韦昭也说："能，似熊。"证之鼎彝，能字作"兡"（番生敦），字形亦相近。人们在认识事物的过程中，当客观事物反映到主观以后，往往由于事物的特点而形成意识

上的一种概念,感情也有所爱憎。"能"是兽类中坚强的,故能字训坚强、坚硬和坚持。又能字古读奴代切(nài,见陆德明《经典释文》)。郑玄也说,"耐,古能字。"《汉书·晁错传》:"能寒能暑",《严助传》:"不能其水土",《赵充国传》:"汉马不能冬",郑玄在《诗经·渐渐之石》笺中所说的"豕之性能水",凡此类的能字都是今天的"耐"字。能之读耐,和仍从乃声,等之为待一样,都是音本相通的。古代所说的"能",现在说成"能耐",这是汉语构词规律中的同义重叠的现象。忍亦同耐,古言忍,今亦言忍耐,成语"忍饥耐寒",犹用其义。以能训忍,就是以耐训忍,以忍耐训忍。汉代的能为忍耐义,今天已不为人们所熟悉,而先秦忍为忍耐倒是现在很普遍的语感。如果遇到古书里的能字,反倒不如用忍字来解释它比较清楚。例如《左传·定公十年》说:

> 使郈马正侯犯杀公若,不能。

这一段叙述鲁国武叔预谋杀害郈邑的长官公若。他先派遣郈邑的马正叫侯犯的去暗杀。但侯犯"不能"这样作。"不能"就是"不忍",是不忍心这样作,并不是作不到。这一点从下文可以得到证明:后来武叔又派自己的圉人到郈邑刺死了公若。在公若被刺时,侯犯立即举兵叛变了武叔,郈邑独立。可见侯犯在郈邑是掌握兵权的,杀公若易如反掌,"不能",决不是办不到,而是侯犯对于公若在感情上割不断。这个例子,说明我们拿被训释字解释训释字,有时可以更清楚地了解某些词语的古义,准确地解释古籍。又如:

三卷《言部》：诬　加也。

案诬实际是巫的孳乳字。最初巫以舞降神，也就是跳神的。进入阶级社会以后，反动统治阶级利用神权把巫吹捧成神圣，后来人民从实践中渐知巫是不可信的，因而谓巫为"狂巫"（狂妄不可信），如同灵字本训神、训善，其后却用为恶的谥号一样。又由此而孳乳为"诬"。诬是捏造事实，胡说八道。诬字训"加"，就是根本没有这个事实，而随意乱造，强加上的。

《左传》中所用"加"字有好几处都应作捏造事实讲。例如《庄公十年》：

牺牲玉帛弗敢加也，必以信。

古代祭祀天神，用牺牲享神，用玉帛告天。告天的内容大概是报告国家经济、政治的情况。《桓公六年》说"祝史正辞"，这个"辞"就是告天的文辞，由祝史宣读。由此可知"弗敢加也"系指告天的文辞而言。此文"加"与"信"相对，信是真实，加是捏造，也就是诬。又如《僖公十年》：

欲加之罪，其无辞乎！

晋惠公入晋国之前，晋国大臣里克先杀死奚齐和公子卓（二人是晋国相继的两个国君），空出了君位，才使惠公入晋即位称君。这本是惠公和里克事前篡国夺权的密谋活动。可是惠公作了晋君之后，反以讨恶诛奸为辞，命令里克自杀。所以里克在临死前说道："不有废也，君何以兴？ 欲加之罪，其无辞乎!""加之罪"即"诬之罪",后世用为"欲加之罪,何患无辞",则加为捏造更为明显。现代汉语谓捏造事实来陷害人叫"诬陷",用恶毒语言攻击人叫"诬蔑",都有无中生有的意思。成语也说"造谣诬蔑",更足以说明是属于凭空捏造。在现代汉语中,加字一般都用为加减的加,与汉代的加字的用法有所不同,许慎此处的说解,用诬训加,反而义较显然。又如:

> 七卷《日部》:暂 不久也。

这里是以"暂"为时间副词来解说的,只表达急促、短快。如果我们把暂字作为训释字的用法汇集起来,就能发现暂字的内容非常丰富。例如:

> 七卷《穴部》:突 犬从穴中暂出也。
>
> 十卷《犬部》:默 犬暂逐人也(案:此与今义相反)。

从以上两处说解,可以看到汉代语言有用暂字描绘犬的动作的。所谓"暂出"、"暂逐人",一方面说明犬的动作迅速异常,一方面说明犬的扑逐每出人不意。古代使用猛犬狩猎,也是利用犬的动作具备这两个特点。汉代语词里又有三个词用以描绘这种形象的:一是猝字。十卷《犬部》:"猝(cù,音促),犬从艸中暴出也。"二是窣字,七卷《穴部》:"窣(sū,音苏),从穴中卒出。"三是乍字,十二卷《亡部》:"乍,一曰亡也。"其实"猝"与"窣"是同字而异体;"乍"与"猝"也是一声之转;"猝"、"窣"、"乍"都与暂字是同一语源。所以《广雅·释诂》:"暂,猝也。"赵岐《孟子章句》:"乍,暂也。"都是仓卒之

间使人意想不到的意思。据此,我们就能深入体会汉代人使用暂字的情况,以及暂字所描绘的形象。例如《史记·李将军列传》:

> 广暂腾而上胡儿马。

李广在对匈奴的战争中,因伤被俘。匈奴人把他捆系起来,用网兜装上,夹于两马之间作为虏获品。当时李广诈死,准备脱逃,暗中看中胡儿所骑的一匹骏马,在胡儿没注意的时刻,他便"暂腾而上胡儿马"。此处暂字描写李广骁勇健捷,动作迅猛,象犬一样突然扑倒胡儿而窜上了胡儿的骏马。这个场面所以写得如此惊奇生动,全在暂字的用法。我们只有对《说文解字》里作为训释字的几个暂字加以综合研究,才能深入了解暂字的含义,因而对《李将军列传》中的这一句有更为具体、细致的领会。又如:

> 四卷《习部》:习　数飞也。

习字本为熟习、熟练的意思。字从羽,所以说解以"数飞"为习的本训。古人仰视鸟飞,飘浮空间,颉颃自如,认为这是最熟练的动作。"数飞"的数有熟练之义。《荀子·劝学》:"诵数以贯之,思索以通之。"诵数就是读的熟练,也就是来回背诵。用"数"解释"习",也可以用"习"解释"数"。如《左传·宣公十二年》:

> 晋人或以广队(坠),不能进。楚人惎之"脱扃"。少进,马还。又惎之"拔旆投衡",乃出。顾曰:"吾不如大

国之数奔也。"

晋楚屡次争霸,两国战士互相仇视又互相讽刺。这段里的对话描写了互相讽刺的趣事。首先是晋国有一辆兵车掉到坑里去了(广,兵车)。楚国军队在坑旁指手画脚告诉坑里车上的战士怎样赶车出坑。先说"脱扃",是扔掉车上插兵器的横木和兵器,这样,车的分量轻了。可是车上旗竿卡住车后边,所以刚刚上来一点,马又缩回去了。楚军在坑上又指点晋军把旗拔掉,放在马脖子上的横木上。这样,剩下了光杆车子,才由坑里上来。楚军这种举动,是为了使晋军出尽洋相,看笑话。但晋军狼狈出坑之后,也不示弱,回过头来对坑边上的楚军说:"我们真惭愧,不如贵国有这一套精练而熟习的逃跑本领啊!""数奔"是熟习逃跑。此处用"习"来解释"数",是比较确当的。

以上几个例子说明,研究词义,不仅要注意被训释字,而且应当更重视训释字,有时也可以用被训释字来注训释字。诚然,有时被训释字和训释字的概念不是完全相等的,倒转为训,是不完全合适的,并且也会使检查字典的人感到很不方便。因此,有些注释家极力避免使用互训,尽量使用义界说明,认为互相注解的方法不科学,与逻辑学相违背。其实这也有些片面性。互为训释是训诂史上最古的训释方式。古代训诂专籍《尔雅》,虽然是札记形式,但在《释诂》、《释言》、《释训》三篇中汇集了许多语词,分别列成若干条,每条之下作出解释。在每条里,不仅被训释字和训释字的关系是互训（《释训》里有许多解释《诗》意的训释不是互训），就是被训释字中字与字、字与词之间，也是互为训释。并且，某字或某词在这组里作被训释字，在另外一组里又作训释字。研究《尔雅》的人非常重视这种资料，拿来互相参证，互相启发，对于字义的理解有很大的作用。清代王念孙作《广雅疏证》，就注意到这一问题。朱骏声在《说文通训定声》的附录里有《说雅》一篇，把《说文解字》中的被训释字和训释字汇集起来，按《尔雅》的体例编纂成篇。惜《说雅》汇集得不够全面，遗漏很多，也不便使用。但是他的这种作法，给我们以重要启示：研究训释字与被训释字及其关系，对我们探讨字义、词义相互之间的关系，从而得到全面的理解，究竟是有帮助的。

第三章 《说文解字》中所保存的
有关古代社会状况的资料

　　文字的形体构造和词义的发展变化,往往反映出当时社会的真实情况。从事研究甲骨文字和钟鼎文字的学者,已经从中发掘出很多极其珍贵的古史方面的各种材料,取得很大成绩。《说文解字》里也同样蕴藏着很多有关古代社会情况的材料。我们研究《说文解字》,也应当把这些材料发掘出来,以资古史学者和科学工作者的参考借鉴,以补古史典籍的不足。

　　关于这个问题,我们在"引言"部分已简略谈到。事实上,要把《说文》中一切有用的资料都在这里列出,是不可能的。这里只从几个方面粗略谈一谈,以见《说文》所包含的内容之丰富。

一、关于古代社会生产

　　在旧石器时代,人类已经能控制火,石器的制作已有比较高的水平,这时主要的社会生产是猎取禽兽。进入新石器时代以后,人类开始宅土定居,从事农业生产,驯养牲畜。新石器时代末期,亚洲地区已豢养耕牛。这个历史发展过程,

可以从《说文》中有关的字形、字义中得到充分证明。例如:

> 十四卷《兽部》:**嘼** 㺉也。象耳、头、足内地之形。
> 古文兽下从内。

依据许慎的解释,兽是禽獸的正字,后用獸为兽字,兽字就不再用了。其实兽与獸虽属同一语系而两字意义有别。兽是禽兽的总名,獸是捕捉禽獸的活动。《诗经·小雅》:"搏獸于敖",郑笺:"獸,田猎,搏獸也。"獸与狩同。《水经注》引《诗经》作"薄狩于敖",何休《公羊传注》:"狩犹獸也",可见獸、狩都是打猎。

首先,从《说文》来看一看獸、狩两字的解释:

> 十卷《犬部》:獸 守备者也。
> 十卷《犬部》:狩 火田也。

什么是守备呢?古代猎人设捕网于陷井之中,把野兽诱引到陷井里,然后用网缚束全身来捕获。《周礼·天官》有"獸人",亦即猎人。《獸人》里说"时田则守罟"。郑玄注:"备獸触攫。"这说明猛兽入网,还要作垂死挣扎,必然用角触网,用爪攫网,仍有破网而出的可能。集体打猎的猎人必须预先守在网的周围防备野兽破网逃脱,伺野兽一入网罟,立即搏取擒获。守于网旁,备其逃逸,就是《说文解字》训"守备"的含义,也说明用陷阱网罟捕兽的方法。段玉裁说:"能守能备如虎豹在山",恐不准确。

什么是火田呢?古代人类征服自然首先是控制火,利用火。这在古人的生产活动中起了很大的作用。"火田"就是利用火打猎。古人耕种的地方叫田,打猎的地方也叫田。例如《诗经》毛传说"战不出顷,田不出防"。可见"田"、"顷"本是界域的名称。在有界域的地方,可以耕种、打猎,所以耕种、打猎都叫田(畋猎的畋是田的后出字)。野兽生活在森林山薮之中,用火焚烧山林,是一种围攻野兽的方法。火烧起来迫使动物逃窜,小的动物可能被烧死,大的猛兽突围出来,集体猎人再用石块袭击,逼得这些猛兽奔向悬崖陡壁,可能坠落而死。在《诗经》里仍有这种田猎方法的记载,如《郑风·大叔于田》:"叔在薮,火烈具举。襢裼暴虎,献于公所";"叔在薮,火烈具扬";"叔在薮,火烈具阜"。薮是草木丛生的地方,易于焚烧。

以上说明"獸"和"狩"是两种打猎方法,但两字是一个语根派生的。举两字已可具体地说明古代猎兽为生的经济生活。

其次,氏族社会的经济发展,已由狩猎过渡到畜牧业经济,采集的劳动已开始为农业生产所代替。人们在狩猎劳动中,逐步熟悉了某些动物的性格,了解到某些动物经过人的豢养训练可以供人使用,并在长期采集劳动中,也逐步认识了某些植物的性质和生长规律,慢慢地能够用播种、培植的方法生产出禾谷之类的农作物。于是出现了牧畜经济与农业经济同时并举、互相关联的情况。随之,语言中便出现了"畜"这个词。

十三卷《田部》:畜　田畜也。《淮南王书》曰:玄田为畜。

畜与兽同音,《唐韵》皆读"许救切",实则畜即兽的派生词。由"兽"孳乳为"畜",反映了人类在征服自然的长途中,又跨进了一步。人类能把野性的动物驯养为家畜,变成生产力,是一个飞跃的前进。《说文解字》中有两个字,可阐明家畜是经过驯养的:

二卷《牛部》:犪(犪,音扰,rǎo)　牛柔谨也。

十二卷《手部》:擾(擾)　烦也。

这两个字同音,义亦相关。擾是犪的手段,犪是擾的成果。古书多通用"擾"字。《周礼·服不氏》:"掌养猛兽而教擾之。"郑注:"擾,驯也。"兽变为畜必须经过驯擾。《韩非子·说难》:"夫龙之为虫也,可擾狎而骑也。"(今本作"柔可狎而骑也",此依《史记》)擾与柔亦同。"牛柔谨"即"牛擾谨"。《周礼·职方氏》有"六擾"、"五擾"、"四擾",郑玄注:"六擾,马、牛、羊、豕、犬、鸡。"而《尔雅》谓之"六畜",是畜亦名擾[①]。犪字从牛,说明牛在六畜中的突出地位。

从狩猎到畜牧业经济,生产有了很大发展。畜牧最大的作用是繁殖生产(十二卷《女部》母字训牧而象乳子之形。母

---

① 《周礼·大宰》:"以扰万民。"郑注:"扰训驯也",可见扰又用以指古代统治者对人民的强制训导。

是孳生繁殖人类的,则牧亦有孳生繁殖的意义),《周礼·牧人》说:"掌牧六牲而阜蕃其物。"阜,盛也;蕃,息也。上古时代草原也多,凡有草原的地方,只须看管好成群的牲畜,就可使牲畜大量蕃息,取得很多的收获。由于畜牧业的发展,使牲畜具有交换和媒介的职能,因而在畜牧部落中最先出现了私有财产。于是文字上也由"畜"派生出"蓄"字,一卷《艸部》:"蓄,积也。"又由"蓄积"引申为"储蓄",并引申为积累财富的意义,这种词义的发展、文字的孳乳正反映了这种社会状况。

再次,牧畜业促进了农业的生产。《管子》说:"神农树五谷淇山之阳,九州之民乃知谷食而天下化之。"神农发明农业之说不可信,但《管子》的记载证实了我国农耕始于黄河流域(淇山在淇水附近,即今河南安阳、汲县之间)。凡草木生长茂密的地方,自然是膏腴之地,烧去草木即可辟为田畴(草木之灰亦可沃土),所以传说中神农又名烈山氏(见《礼记·祭法》,清代汪中在《述学》里有详细考证)。《左传》说楚的祖先"以启山林",《孟子》说"益烈山泽而焚之",可见农耕的初始先以火耕。这种耕作方法,在解放前一些边疆的少数民族中仍然保留着。

《说文解字》对这种生产状况已有记载。如十卷《火部》"焚,烧田也。"十三卷《田部》"畭,火种也。"《春秋·桓公七年经》:"焚咸丘。"杜预注:"焚,火田也。"可见春秋时鲁国尚用此法。杜注认为焚咸丘是狩猎之法,其实与耕种并不矛盾,火田兽必奔,则可先获兽而田可种。又《诗经》:"俶载南亩"，郑玄说："俶读如炽，载读如菑栗之菑。"炽菑就是用火杀草而后播种。

夏、商、周以来，农业生产逐渐发展，但由于技术、工具和肥溉不足等种种局限，生产力不足，因此，仍然是农业与射猎并举，耕田与牧畜兼行。所以田之一字含有两义：一为田猎之田，一为田耕之田。《周礼·遂人》田莱并言，田以耕谷，莱以猎牧。而猎牧又与休耕制度密切相关。《周礼·牧师》："凡田事，赞焚莱。"焚莱即焚去休耕地及荒野之草以供田猎。

周世的耕田仍不能尽地力之用，于是有"休田"和"趄（yuán，音爰）田"。"休田"是种过一年的田，第二年作牧地。《孟子》说"五亩之宅，鸡豚狗彘之畜无失其时"，可见每户既为耕农，又为牧人。什么是"趄田"？二卷《走部》"趄，趄田，易居也。"《周礼·大司徒》把耕田分为三等，所谓"上田"、"中田"、"下田"。上田是每岁能种的，叫"畬"，畬舒音通，是地力舒每岁耕种。隔一岁种的叫"新田"，是每岁更新，是为中田。三岁更种的叫"菑田"，十三卷《田部》："菑，反耕田也。"据《韩诗》和《尔雅》郭注训菑为反草，是弃掉新田，复辟旧亩，必须三岁一耕，是为下田。周初把奴隶束缚在土地上，耕上田的永远种上田，种中田下田的永远种中田、下田。春秋时代，晋惠公战败后开始了"趄田易居"，《左传》作"爰田"，《国语》作"辕田"，就是用轮换制度提高生产率。商鞅变法，也在秦国建立爰田制度。《汉书·地理志》："秦孝公用商君制辕田"，都说明这种制度是在春秋时代开始的。趄字的产生，正是当时出现了这种耕作制度的反映。

轮换制度是农业技术提高的标志。轮换制度的发展必然导致田界畛域的改革和兴修水利、开发沟洫的革新。所以春秋时代实行了轮换菑田制，到战国初期魏文侯就首先废除井田，集中田亩，兴修水利。《汉书·食货志》记载了这件事，说"是时，李悝为魏文侯作尽地力之教，以为地方百里，提封九万顷"。这是耕地集中的大改革，是历史上第一次提出以"顷"为耕地面积的核算单位。在古代或用"畦"，或用"亩"，或用"井"为耕地面积的核算单位，如十三卷《田部》："畮，六尺为步，步百为亩。秦田二百四十步为亩（可见秦孝公扩大了亩的面积）。""畦，田五十亩曰畦。"又五卷《井部》说："丼，八家一井。象构韩形。丶，罋之象也。"许慎的意思是井以地中水穴为本义，井田则八家同用一井。《汉书·刑法志》有"提封万井"，是以井为面积单位（《礼记·王制》："方一里者为田九百亩。"是一井一方里）。"提封"是兴修水利，提封即隄封，积土壅水。李悝这样改革耕田，不仅消除了"休田"和"菑田"不能尽地力之用的消极因素，而且给大兴水利创造了条件。其后，商鞅开阡陌，辟沟洫，兴水利，使耕田面积扩大发展，农作物产量提高。杜佑《通典》说："秦开阡陌后，任民所耕，不限多少，以尽地力"，就说明了这个事实。

我国古代劳动人民很早就了解了水利对于作物生长的重要性，引水灌溉是农田的主要设施。《说文解字》也有所记载。如十一卷《く部》："く，水小流也。"并引《周礼·匠人》："匠人为沟洫。耜广五寸，二耜为耦，一耦之伐，广尺深尺谓

之く。倍く谓之遂,倍遂曰沟,倍沟曰洫,倍洫曰巜。……
甽,古文く,从田,从川。畎,篆文く,从田,犬声。六畎为一
亩。"又十一卷《巜部》:"巜,水流浍浍也。方百里为巜,广二
寻,深二仞。"又十一卷《川部》:"巛,贯穿通流水也。《虞书》
曰,浚く巜距川。言深く巜之水会为川也。"是古人已注意到
干渠、支渠和毛渠的配套关系。又如十三卷《田部》之"畴"字
古文作"疇",也形象地表示了沟洫弯曲交错的状态。

秦昭公时,蜀郡太守李冰父子修建了历史最早、世界闻
名的水利工程都江堰。都江堰是我国劳动人民为了促进农
业生产,解决引水灌田问题而创建起来的,李冰父子不过以
太守职位掌管其事而已。都江堰修成以后,可以引灌十三
个县的农田,使棘瘁之土,变为肥腴良田,对后来水利事业
的发展有深远的影响。堰是障蔽的意思,即阻水的堤,见
《集韵》。《说文》不录此字,或即匽字的后出。都江堰之所
以取名为堰,盖由于泯江水流过急,故以堰障蔽洪流,疏为
支流,缓和水势,灌溉农田,实亦变化江流成为干渠支渠的
方法。

再有,古代农业技术已有较高水平,这在《说文解字》里
记载也很多,今只举一例为证:

八卷《衣部》:襄 《汉令》解衣耕谓之襄。

《汉令》即汉代律令之书。许慎引以解说襄字,并不意味
着襄字是《汉令》才有的,认为是汉人制造的文字。相反,《汉
令》和《汉律令》上的文字是前有所承的,有些字还出于古文

经典。襄字就出现于《尚书》、《毛诗》和《左传》等书。大概襄字是古文。许慎认为《汉令》对襄字的解释可以解析襄字的形义，所以采用来作为襄字的说解。

"解衣耕"是一种耕种的方法。"衣"指地的表皮，不是衣裳之衣。这与袾字训"好佳也"，系以衣指女子皮肤是一样的。在天气干旱时，先铲除耕地表层，把又干又硬的土皮扒开，然后用表层下湿润的土播种撒子，再用表层的土覆盖上去，以待其发芽成长，古代管这种播种方法叫"襄"。其作用是保持墒情。《说文》无墒字，十三卷《土部》："壤，柔土也。"柔土与刚土相对。十三卷《土部》："垆，黑刚土也。"又："埴，赤刚土也。"刚土不适宜于种植农作物，柔土含湿度宜于耕作，壤即今墒字。十四卷《自部》："臿，臿商，小块也。"臿商即臿壤。此用"商"代"壤"字之证。

春秋时代，我国劳动人民已有保墒的耕作技术，因此襄字在古书里多使用为除土反土的意义。如《左传·定公十年》说："葬定公，雨，不克襄事。""不克襄事"是不能完成除土反土的工作。考春秋时代贵族殡葬仪式是：天子隧葬，诸侯下棺。下棺是在墓地掘坑把棺材由地上系下去掩埋。隧葬是由隧道入墓穴去掩埋，今山西有些山区犹有此俗。《左传》有晋文公向周襄王"请隧，弗许。曰，王章也"的记载，可见周代制度，诸侯掩葬只能下棺。鲁定公的葬礼，当然也是挖坑下棺，然后封土为坟，坟旁植树。当鲁定公葬礼之际，正碰上下雨，泥土淋泞，根本无法挖坑、反土。虽然这里的襄字不是说耕种农作物，但就工序来说，除土反土是一致的。毛亨《诗传》："襄,反也。"反即反土。以上由襄字可知春秋时代的劳动人民已经熟悉保墒、点种的耕作技术了①。

关于上古劳动人民的手工业创造,其成绩更为显著。例如,在新石器时代,我国已有精美的陶器。在西安半坡村发掘的新石器时代的遗址里,就有很多精巧的陶器和烧制陶器的炉灶。《说文解字》里记载陶器的材料非常丰富。例如五卷《缶部》："匋,瓦器也。从缶,包省声。案《史篇》读与缶同。"又："缶,瓦器,所以盛酒浆。象形。"据匋字的"包省声",以及"《史篇》读与缶同",则匋与缶本为一字之异体。又十二卷《瓦部》："甄,匋也。"则"陶钧"、"陶冶"都是制作瓦器的意义。《陈留风俗传》："舜陶甄河滨",则制作陶器亦谓之匋。五卷《缶部》又有"䍕",训瓦器。《方言》："䍕,罂也。"《诗经·大雅》疏引《说文》："匋,瓦器灶也。"则烧瓦器的炉灶也叫"匋",今字作"窑",《说文》作"窯"。七卷《穴部》："窯,烧瓦灶也。"由《说文解字》来理解匋字,则制作陶器的工序和方法,制作匋器的工具,制成的器皿这三个义项都叫"匋"。半坡村出去的陶炉,构造很科学,其通气孔结构非常曲折,能使窑中火力分布均匀,适合烧陶。窑的通气孔《说文》作"垎"。十三卷《土部》："垎,陶灶窗也。"段玉裁云："穴部曰窗者通空

---

① "襄"由除土义又引申为拔除。《诗经·墙有茨》："不可襄也。"《出车》："狁狁于襄。"襄字皆训铲除拔除。襄的耕作系施种于土层表皮的内部,因而孳乳为凡表皮内的东西叫"瓤"。虽《说文》不录瓤字,要亦为襄之派生字。

也。烧瓦器之灶上必通孔，谓之埗者，其火荧然而出也。"《说文解字》里记录陶器的文字还有很多，如十三卷《土部》："坏，瓦未烧曰坏。"五卷《缶部》："𧀎，未烧瓦器也。读若筩莩同。"段玉裁说："谓读与筩莩之莩同也。颜师古曰，莩者，芦箭中白皮至薄者也。"许慎𧀎字读莩，是"坏"、"𧀎"双声，实一字也。其制成的陶器见于《说文》者尚有"罂（yīng，音婴）"、"甀（chuì，音垂之去声）"、"𦉥"、"瓮"、"罃"、"缸"、"豆"、"䆦（wǎn，音碗）"、"甑（zèng，音憎）"、"甗（yǎn，音演）"、"瓫"、"瓯"等等。《周礼·考工记》有"陶人"、"瓬人"，记载了奴隶社会从事陶器制造的手工业奴隶，也叙述了"甗"、"簋"、"盆"、"甑"、"鬲"、"豆"、"庾"等陶器的规范和制造陶器的过程。两相参照，有助于我们了解古代制陶工业的状况。

我国人民在社会劳动中，使用的劳动工具经历了由石器时代到铜器时代以至铁器时代的发展过程。《越绝书·外传》在说宝剑时，引风胡子说："神农、赫胥之时，以石为兵；黄帝以玉为兵；禹之时，以金为兵；今之时以铁作兵。"这里说的是兵器在用料上变易的源流，惟用玉作兵未必可靠，但工具向坚劲方面去改善则是必然的。《左传·僖公十八年》："郑伯始朝于楚，楚子赐之金。既而悔之。与之盟。曰：'无以铸兵。'故以铸三钟。"杜预说："古者以铜为兵。"又《禹贡》："金有三品。""三品"者，以《说文解字》证之，十四卷《金部》"银，白金也"，"铅，青金也"，"铜，赤金也。"许慎此说本于《尔雅》。郑玄《禹贡》注："三品者，铜三色。"《周礼·考工记》说："金有六齐：六分其金而锡居一，谓之钟鼎之齐；五分其金而锡居一,谓之斧斤之齐;四分其金而锡居一,谓之戈戟之齐;三分其金而锡居一,谓之大刃之齐;五分其金而锡居二,谓之削杀矢之齐;金锡半,谓之鉴燧之齐。""齐"即今药物之剂,谓所含的内容和数量,与《天官》"饮齐"、"酒齐"、"醯齐"、"酱齐"等的"齐"同义。十四卷《金部》:"锡,银铅之间也。"锡即青色之金,古称青铜。地下发掘出的青铜器始于商,如《司母戊大方鼎》。然陶弘景《刀剑录》说:"夏禹子启以庚戌八年铸一铜剑,长三尺九寸。启子大康岁在辛卯三月春铸一铜剑。"则青铜器当在夏朝已有,惜尚未发掘到,不能定始于何时。

由石器到青铜器这个工具原料上的变化,说明了生产与文化的飞跃发展。首先是人类利用矿藏,十四卷《金部》:"铤,铜铁朴也。"人类发现这种矿藏,并认识到冶炼之后可以制成坚劲、挺直的工具,所以命名为铤,铤之言挺也。《左传·文公十八年》"铤而走险,急何能择"中的铤就是挺。这种铤具有坚劲、挺直的性质,用作器物、田器、兵器时,比之石器灵活、轻巧、耐久、铦利,用起来省力而效率高,是工具发展一大进步。又春秋战国时已有铁器。十四卷《金部》:"铁,黑金也。"在语言里铜与铁双声,并与铤音系相同。其实"锡"也是铤的孳乳字(锡古韵在锡部,铤在青部,锡青对转)。

陶器与青铜器也互相影响,互相促进。新石器时代主要是以陶器为日常生活所用的器皿。半坡村已有彩陶,考古学上命名为彩陶文化,又因其曾发现于河南渑池县仰韶村,故亦名仰韶文化,当作同系统文化的代表名称。在河南渑池仰韶村遗址中,陶器有作鼎形的,而商周的鼎都是青铜器。以《说文解字》考之,三卷《鬲部》"鬲"字,其下的说解是:"鼎属也。实五觳,斗二升曰觳。象腹交文三足。瓹,鬲或从瓦。䰜,《汉令》鬲,从瓦,厤声。"又《尔雅·释器》:"鼎,款足者谓之鬲。"郭璞注:"款足,曲脚。"《汉书·郊祀志》:"鼎空足曰鬲。"据此,鬲或从瓦,则是陶器。"鬲"与"鼎"音义皆同(古双声,齐青对转)。七卷《鼎部》:"鼎,三足,两耳。和五味之宝器也。……《易》卦巽木于下者为鼎,象析木以炊也。籀文以鼎为贞字。"《史记·楚世家》:"楚武公曰,居三代之传器,登三翮六翼以高世主。"小司马说:"翮亦作瓹,同音历。"所谓"三翮六翼",是根据传说禹作九鼎,其中有三个鬲,有六个旁有两耳的鼎。如是,则鼎为共名,而专以款足者叫鬲。然而鬲是陶器,也可能最初是以鬲作为此类器物的大名。到了殷商时代,陶器已发展为釉陶,而许多过去用陶制的日用器皿,贵族们则多以青铜为之了。由"鼎"、"鬲"两个字的音义来看,可以窥见这种陶器与青铜器相互促进的关系。

我国在很早的时候就发明了造纸和纺织,在《说文解字》里,这方面的资料也非常丰富。综集起来,可以了解古代手工业的制作方法和制作程序。这都是古代劳动人民在生产上的伟大创造。

我国的造纸术,据史书的记载是后汉时代蔡伦创造的。晋代范晔的《后汉书》上说蔡伦"用树肤、麻头及敝布、鱼网以为纸。元兴元年(公元一〇五年)奏上之,帝善其能,自是莫不从用焉。故天下咸称蔡侯纸。"其实,造纸决不是一个人发明创造的,也决不会是没有前人的经验,突然创造的。在蔡伦以前,我国劳动人民就已经发明创造了纸。《说文解字》已有纸字,它说:

十三卷《糸部》:纸 絮一箔也。(从段改)

可见周秦时代已经发明了造纸术。大概最初是用乱絮造纸。絮是丝麻剩下的碎乱的纥縫。古人把这种东西或者续在袄衣里御寒,犹如今天的棉花(我国古代没有棉花,南北朝时才由印度传入,见俞正燮《癸巳类稿》);或者用来造纸。造纸的方法,是把乱絮沤在水里,再漂而擎之,使乱絮碎散为末,成为纸浆。再用箔使纸浆漏去水分,成为平匀的薄片,曝干后即成纸。后来造纸原料改用竹肤木皮,经制造后,用极密致的竹帘(所谓抄子上层)压使平滑。古代也用碎茧制造纸,叫"茧纸",其实都是周秦的遗法。(一九五七年西安灞桥西汉墓出土文物中就有纸的残片,见《文物参考资料》一九五七年第七期。造纸术更早的起源时代尚有待进一步证实。)

什么叫"漂"?《史记·淮阴侯列传》:"韩信钓于城下,诸母漂。"《周礼·考工记·弓人》郑众注曾提到"湖漂絮"。《说文解字》作"潎(bì,音敝)",说:

十一卷《水部》:潎 于水中擎絮也。

段玉裁谓擎应作擎(十二卷《手部》:"擎,饰也。"饰即拭字。擎即《史记·刺客列传》的"蔽席"和《孟子荀卿列传》的"撖席"),就是摩挲搅拌使成纸浆的意思。潎字也就是《庄子》所说"洴澼纊（píng pī kuàng，音平批矿）"的"洴澼"（《说文》无洴澼两字）。总之，所谓"漱絮"、"漂絮"以及"洴澼纊"都是造纸的第一段工序——作成纸浆。

什么是箈？

　　　五卷《竹部》：箈　漱絮篑也。

《广韵》："箈，漂絮篑。"扬雄《方言》卷六："床，齐鲁之间谓之篑。"注："篑，床板也。"五卷《竹部》："篑，床栈也。"可见古代造纸用拼合碎木板为藉。段玉裁说："漱絮篑即今做纸密致竹帘也。十三卷《糸部》曰：'纸，絮一箈也'，谓絮一箈成一纸也。纸之初起，用敝布鱼网为之，用水中击絮之法成之。纸字箈字载于《说文》，则纸之由来远矣。"

　　古代也常用繫縭造纸。十三卷《糸部》："繫縭，丝之结也。一曰，恶絮。"《广韵·先韵》作"繷縭"，解曰："恶絮也。""繫縭"、"繷縭"都是连绵词，就是现代汉语的"纥缝"。所谓丝结、恶絮，就是不能纺绩的丝纥缝。用繫縭所造成的纸叫"赫蹏"，和现在的"高丽茧纸"相似。《汉书·外戚传》："武发篋中有裹药二枚，赫蹏书，曰：'告伟能：努力饮此药，不可复入，女自知之。'"应劭注："赫蹏，薄小纸也。"邓展注："赫音兄弟阋墙之阋。"师古注："赫字或作繫。"以此知"赫蹏"即"繫縭"，用"繫縭"作的纸也叫"繫縭"。此西汉成帝时事，那么在蔡伦前不但有纸，并有精薄的茧纸。这正可与灞桥西汉墓中纸相印证。

　　下面谈一谈古代纺织手工业。古代以丝和麻为主要纺

织品。《说文解字》里有许多字说明古人治麻的生产程序,如:

> 十三卷《糸部》:㳄(cì,音次) 绩所缉也。
>
> 十三卷《糸部》:缉 绩也。
>
> 十三卷《糸部》:绩 缉也。

这三个字声音相通,又是互训,是属于六书的"转注"。同时这几个字表示从麻制成缕的三道连续的工序。《说文解字》清楚地记载,治麻时先分剥其茎的外皮,把它沤起来,然后开始制作的过程。七卷下:

> 七卷《朮部》:朮 分枲茎皮也。从屮,八象枲之皮茎也。读若髌。
>
> 七卷《林部》:林 葩之总名也。林之为言微也。微纤为功。象形。
>
> 七卷《麻部》:麻 与林同。人所治,在屋下。从广,从林。

这三个字声义相同。林是葩的总名,与葩声亦通,葩训枲实,茎与实是通名。葩亦作黂(fén,音分)。《淮南子·说林训》:"黂不类布,而可以为布。"《说山训》:"见黂而求成布。"古言葩、黂而今言麻。从许慎的说解来看,分剥其茎皮叫做"朮",分枲之后,才叫"林",叫"麻"。所谓"麻与林同",是说麻与林同字。《春秋解题》说,"麻之为言微也",与《说文》林下之说解相同,更可证林与麻是一个字的异体。麻是极细小而零碎的纤维,制麻的人先拿短的碎的纤维按比次接续起来,这就是"欻"字所表示的动作。欻字从次,即取比次之义。第二步在比次相续之处用两手摩挲撮连,使不散开。这种动作就是"缉"字所表示的意义。然后再一个一个连续承接在一起成为可以纺织的长线,这就是"绩"。《左传·昭公元年》:"远绩禹功",绩就是接续引申之义。经过"欻"、"缉"、"绩",麻就成为"缕"了。(《诗经·豳风·七月》"八月载绩",毛亨《诗传》认为载绩是"丝事毕而麻事起矣",则绩是治麻初步的工序。)

在麻成缕之后,又必须去其尘垢,去粗取精:

　　十一卷《水部》:瀾(jiǎn,音简)　浙也。
　　十一卷《水部》:涑(liàn,音练)　瀾也。

十三卷《糸部》:"练,涑缯也。"用涑解练,说明涑练音义相通。《周礼·染人》:"凡染:春暴练,……""暴练"是用灰去垢、去粗,再用水冲刷,然后在阳光下晒。古代涑麻用两种灰:一种叫"栏",是用楝木烧成的;一种叫"蜃灰",是用贝壳做的灰。程序是搓灰以后,用水漂盝。《周礼·考工记》所谓"清其灰而盝之而挥之"。这种方法叫"涑"。"瀾"是专门用水涤洗,瀾麻去其疵瑕,就像瀾米去其糠粃一样。引申之"瀾涑"可以解为去粗取精的意思。如《战国策》说:"苏秦得太公阴符之谋,伏而诵之,简练以为揣磨。"高诱注:"简,汰;练,濯垢也。"此正瀾涑之义。

《说文解字》里关于手工业生产的字还有很多,例如制革、酿酒、染色、舟车制造以及土木建筑等等,内容是十分丰富的,这里不能一一列举。从这里我们可以看出我国古代生产的高度发展和成就。《说文解字》的这些记载无疑对于我们考察古代生产情况及其对后世文化发展的影响都是很有帮助的。

二、关于古代的科学

我国很早就发展了农业生产,古代劳动人民在同大自然进行长期斗争中积累了丰富的有关天时运行、寒暖节候、观测天象、衡量土地,以及数学、物理等方面的经验和知识,在科学技术的各个领域都取得了很高的成就。这里只就《说文解字》中所反映的我国古代历法和数学方面的一些情况略述一二。

我国商代已有"四分历",以后又不断得到充实和完善。例如:

> 二卷《步部》:歲　木星也。越历二十八宿,宣徧阴阳,十二月一次。从步,戌声。律历书名五星为五步。

许慎的这段说解,是讲天文历法的。"岁"是木星的古名,又称"岁星",是太阳系的行星之一,与金水火土四行星合称"五星"。

古人为了观测日、月、五星的运行,在"黄道"(就是从地上看太阳一年中运行的轨道)附近选择了二十八个恒星群作为标志,称为二十八宿。"岁"行经黄道环绕周天,所以说"越历二十八宿"。古人还把黄道附近的一周天划分为十二等分,叫十二次,由西向东命名为星纪、玄枵(xiāo,音消)、诹訾(zōu zǐ,音邹子)、降娄、大梁、实沈、鹑首、鹑火、鹑尾、寿星、大火、析木(参看 177 页图)。因为"岁"绕一周天约十二年(实际是 4,332 天有余,不足十二年),从地上看,每年行一"次",所以说"十二月一次"。古人观察到"岁"有规律地运行,所以用以纪年,"岁"行至某"次",即称为"岁在某"。例如《左传·襄公三十年》:"于子蟜之卒也,将葬。公孙挥与裨灶晨会事焉。过伯有氏,其门上生莠。子羽曰:'其莠犹在乎?'于是岁在降娄,降娄中而旦。裨灶指之曰:'犹可以终岁,岁不及此次也已。'及其亡也,岁在诹訾之口,其明年乃及降娄,仆展从伯有,与之皆死。"子蟜卒在襄公十九年,那年岁在降娄,当时的天象是夏历五月娄宿行至中天而天明。"犹可以终岁"句是说伯有氏必亡,但还可以等到岁星行一周天,即十二年之后始亡,那时岁星又回到降娄。但是因为岁星每行一周天实际只用十一年多,所以每年移动的范围都要比一个星次多一点。这样积累起来岁星就要乱次,也就是每到八十六年就要多走过一个星次,古称之为"超辰"或"跳辰"。而为了不乱了十二辰的规律,于是让岁在"超辰"的星次再停一年。《左传·襄公二十八年》说"岁在星纪而淫于玄枵",就是说该年岁本应在星纪而走到了玄枵,多走了一"次"。襄公二十九年岁在玄枵,又停了一年,就是为了补二十八年的跳辰,这样襄公三十年岁在诹訾,并没有走到降娄,所以裨灶说,虽然还

可以过十二年,但"岁不及此次矣",而下文则接着解释道:
"及其亡也,岁在诹訾之口,其明年乃及降娄。"

　　许慎说解中自"从步戌声"以下是讲岁字的形体与其运行特点有关。段玉裁注:"行天有常故从步"是对的,意思是说岁是一个星次一个星次地运行;戌即悉,二卷《口部》咸字下云:"戌,悉也。""戌声"即包含"越历二十八宿,宣徧阴阳"之意。

　　但是,"岁"是由西向东运行,同古代的"十二辰"的方向(由东向西排列)正相反,因而用"岁"纪年产生麻烦。于是,古人又设了一个假想的太岁星,又称为青龙,或天一,或太阴(见《广雅》),让它由东向西运行,与"岁"相应。(《周礼·冯相氏》贾疏:"此太岁在地,与天上岁星相应而行。岁星为阳右行于天",又说:"岁星为阳,人之所见。太岁为阴,人所不睹。既岁星与太岁虽右行左行不同,要行度不异,故举岁星以表太岁。")其相配关系如下图(见下页)。

　　用岁星纪年的方法是:"岁"在星纪,太岁便在析木,即在寅,该年就称"太岁在寅";"岁"在玄枵,太岁便在大火,即在卯,该年就称"太岁在卯",其余仿此。古人又分别给"太岁在寅"、"太岁在卯"等十二年起了十二个专有的名字,即图中的摄提格、单阏、执徐等。例如,《离骚》:"摄提贞于孟陬兮",即指太岁在寅之年(孟陬,寅月)。梁陆倕《新漏刻铭》:"岁躔阉茂,月次姑洗",则干脆指梁武帝天监五年丙戌(姑洗,指春季三月)了。

此外,古人还把岁星纪年与"斗建"联系起来,实际上这
是推算太岁所在的一种方法。所谓斗建,即北斗之柄所指的
方位。如:斗柄指子,即斗建子,亦即夏历十一月,斗柄指丑,
即斗建丑,即十二月,等等。(自祖冲之起有人认为斗柄所指
与月份无关,这里是用一般人的说法。)据《周礼》贾疏的说
法,假设甲子年的朔旦冬至(古人推算历法以此时为始,即元
年元月元日。古以朔旦为月之始,冬至为年之始)的早晨,岁
与日同起于东方(即同在星纪之次,牛宿附近)而冬至月斗柄

指子（即斗建子），那么太岁就是在子位，该年即可称为"太岁在子"（或称"困敦"）；次年十二月朔旦之晨，岁与日同出于东方（即同在玄枵之次，虚宿附近），这个月斗建丑，于是可知该年为"太岁在丑"（或称"星纪"），余仿此。（推迟一个月，是因为岁星"十二月一次"，次年十一月朔旦之晨已沉落东方，与日已不同次；若不提前一个月，而在十一月朔旦之晨前一个时辰，虽然岁仍在东方地平线上，但日尚未出，与日仍不同次。而推迟一月，则朔旦之晨岁与日同在东方。）简言之，即：欲知太岁所在，即观察哪个月份的朔旦岁星与日同出于东方（或昏落于西方），该月斗建方位，就是太岁所在的方位。但是，岁与日同次有一个困难：日光强烈，木星难以观察，于是古人又有岁与日隔次的推算方法，这里就不介绍了。

由以上可知，所谓太岁纪年，所谓斗建，都是以太阳为准的，也就是阳历；只有朔旦为月之始，是以月为准的，亦即阴历。古人把斗建与岁星（或太岁）纪年联系起来，这正是阴阳合历的特点之一。

附带讲一讲我国所特有的二十四节气问题。

二十四节气，本来是根据太阳在黄道上不同的视位置而定的。例如日在星纪，亦即日在斗宿、牛宿附近，就是大雪冬至。但是古人也以斗建为节气的标志，也就是以斗建推算节气。《淮南子·天文训》："日行一度，十五日为一节，以生二十四时之变。斗指子，则冬至，音比黄钟；加十五日指癸，则小寒，音比应钟。加十五日指丑，则大寒，音比无射；加十五日指报德之维，则越阴在地，故曰距日冬至四十六日而立春，阳气冻解,音比南吕……(文长不录)"二十四节气纯属阳历。《周礼·太史》郑注:"中数曰岁,朔数曰年",由此也可见岁以纪年是阳历,它与二十四节气的关系是密切的。

《说文解字》里还有一些说解也是讲历法的。如一卷《王部》:"闰,余分之月,五岁再闰",等等。

上面说过,中国古代使用的是阴阳合历。阳历以太阳为准,阴历以太阴(月亮)为准。以太阳为准,即地球围绕太阳公转一周为一岁(从地球上看,即太阳在黄道上行走一周),合 365.2422 日;以月亮为准,即月球围绕地球时呈现出的一圆一缺为一月,合 29.53059 日,十二月为一年,只有 354 日或 355 日。"岁"较"年"余出十天以上。阴阳历的这个矛盾,给农业生产带来极大不便,因为季节和时令是随着太阳的视运动而变化的,若单纯以月之晦朔为准置历,则每年的季节时令就要逐年比上一年后移十天多。为解决年与岁(即阴历与阳历)的矛盾,亦即历法与季节时令的矛盾,古人规定了"置闰"的办法。其办法是:把阳历比阴历多余出来的日数累计起来,隔几年置一闰月。所以许慎说"余分之月"。《谷梁传》:"闰月者,附月之余日也,积分而成于月者也。"这句话正是"余分之月"的最好的注脚。开始是三年一闰,然三年一闰还有余分,于是又规定五年闰两次,这就是"五年再闰"。实际上五年再闰又不足,所以后来又规定"十九年七闰"。汉时已知十九年七闰之法,许慎说"五年再闰",是举其约数而言。

我国古代非常重视"置闰"。《尧典》:"期三百有六旬有六日,以闰月定四时,成岁。允厘百工,载绩咸熙。"这说明古代置闰是为了便利生产。置闰的方法也越来越精密,这反映了我国古代科学技术的高度成就。

关于古代数学方面。

许书所搜集的文字有许多是古代数学用语。例如:

　　　　五卷《工部》:工　象人有规矩。

即工为一切方圆的法度。

　　　　五卷《工部》:巨(巨)　规巨也。从工,象手持之。
榘(jǔ,音举)　巨或从木矢。矢者其中正也。巨　古
文巨。

今以规为圆,以巨为方。但《周髀算经》说:"方数为典,以方出圜。"又说:"圜出于方,方出于矩。"是交错积聚许多方形,最后则变成圜形,而用矩可以作方形。又说用矩的方法是"平矩以正绳,偃矩以望高,覆矩以测深,卧矩以知远,环矩以为圆,合矩以为方。"这说明工和巨都是画直线的,所以规矩是法度,而不是圜形和方形(工、规、矩双声)。纵横折矩为"勾"、"股",这是我国古代数学的计算方法。

又凡圆形叫"鞠"(今字作"球"、"毬",所谓"球体"、"球心"的球本字皆当作鞠。李尤《鞠城赋》:"圆鞠方墙,仿象阴阳。"),隅者叫"角",尖锐的叫"圭",平直的叫"径",磬折形叫"曲"(曲字的古文作"𠃊",正象磬,所以叫"磬折",也就是"勾股"),都与工、矩双声,成为测量一切不同

形状物体的标准。许书中单是从工巨派生的数学语词就有这么多。关于数学的其他术语也还有很多，由此可见我国古代数学的发达。

《说文解字》里列出的字，有时包含着丰富的数学知识，例如：

> 十四卷《斤部》：斦（zhì，音质） 二斤也。从二斤。阙。

此字阙其音读。宋代徐铉音语斤切，系比附斤字拟的读音，是错误的。按"質"字从斦声，斦与質同音，应是斧質的質字（六卷《贝部》："質，以物相贅也。"读之日切）。《九章算术》刘徽注："张衡谓立方为質，立圆为浑。"質由斧質取义，浑就是军字，古代用车作圆围叫军，浑代替军字。章炳麟在《小学答问》中说："立方为質，则斦字也。斤为斫木斧，今浙东斫柴所用，是其遗法。背厚刃薄，作五面形。依《九章算术》'邪解立方，得两堑堵'。两堑堵颠倒相补，即成立方。今斫柴斤成五面者，正中堑堵。立体难象，故只以邪解平方象之，取其侧形。其字本当作'𠂆'，石鼓、彝器稍变作'𠂇'，小篆变作'斤'，皆篆势取姿耳。本形'𠂆'象邪解平方，实邪解立方也。两斤颠倒相补，即为立方矣。故二斤为斦，即立方之义。""邪解立方"是古代测算正立方体的方法，邪解立方就是一个正立方体邪解成为两个全等的三角柱（或称三角墙），图示如下：

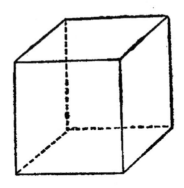

　　此为一个立方体形,"邪解立方"就是把这个立方体从对角邪剖为二,即:

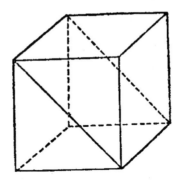

　　这样,就成为两个三角柱,即:

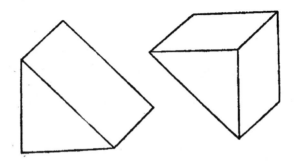

壍堵是挖通沟渠时,将所挖的土方堆在沟渠两沿上,平整成两个三角形的土岗。如下图:

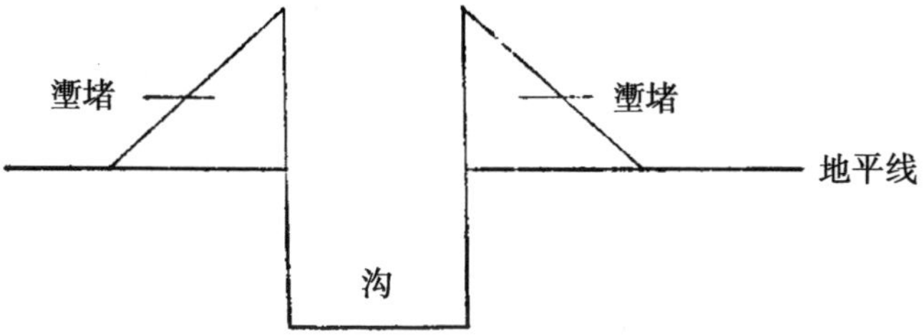

颠倒相补就是把两壍堵中的一个颠倒过来补充在另一个壍堵上,即成为一个完整的正立方体。这就是《九章算术》所说的"邪解立方"的办法。至于作为砍木斧的斤为五面形,其形如右图。两斤颠倒相补,正符合壍堵相补的方法,不过两壍堵相补成为正立方体,两斤相补只是扁立方体而已。章氏之所以说"只以邪解平方象之"者,是因为"立体难象",而"取其侧形",也就是取斧的侧视图形为◸,二◹相补则成为⧄,这样就成为邪解平方了。而古文斤字作"ㄗ",正是斧的侧视图形。那么斦字所表示的,从图形上说虽然是"邪解平方"而成的两个平面三角形,但是从实物上说,却是两个三角柱。所以说"本形'ㄗ'象邪解平方,实邪解立方也。"总之,斦字实际上是表示了"邪解立方"的原理。古代所说斧質的質,以及柱下石叫做"質",门限也

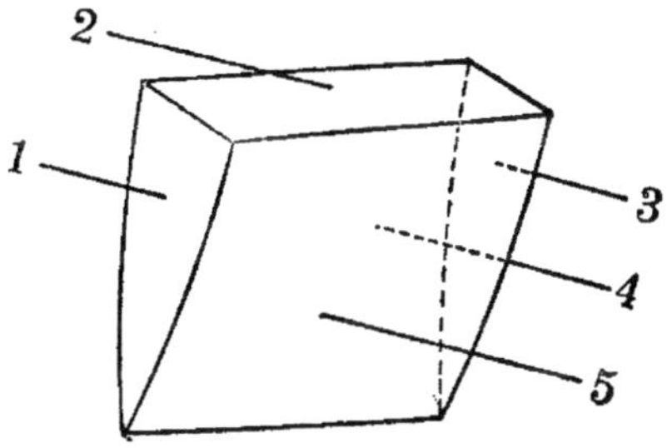

叫"質",都是因立方体而得名,也就是说,它们的形状都取的是"两斤颠倒相补"构成的形状(古代多用兵器、器具作测量的标准,如"弓"、"矢"、"绳"、"圭"等等)。

《说文解字》里这类资料是很多的,这里不能一一列举。但就是上面所粗略涉及的少许例证,已足以使现代的人们惊叹不已了。

三、关于医疗学

我国医学在古代已有高度发展,世传的《内经·素问》,作者的年代虽不可考,然《汉书·艺文志》已录其书,当然是汉以前的典籍。一九七三年长沙马王堆三号汉墓出土的帛书竹简,其中有多种医书。这些佚书的内容,尚早于《内经·素问》。所以这些佚书的发现,更丰富了祖国的医学遗产,给祖国医学史提供了极其珍贵的资料。《说文解字》这部书里收集了许多有关身体、脉络、病状以及草药、砭石、针灸等方面的文字,不但可以使我们借以了解古医书的名词术语含义,也有助于我们了解古代医学的起源和发展的概况。例如《左传·成公十年》记述晋侯獳的病情和秦国名医缓的诊断:

> 公疾病,求医于秦。秦伯使医缓为之。……医至,曰:"疾不可为也。在肓之上,膏之下。攻之不可,达之不及,药不至焉。不可为也。"

贾逵、杜预皆训肓为鬲。鬲(gé)即横膈膜之膈字,指人体内部胸腹两腔的肌膜结构。四卷《肉部》："肓，心下鬲上也。""膏，肥也。""膜，肉间胲膜也。"即膏肓的部位，在心脏下，横膈膜之上。心脏的脂肪叫膏；膈上的薄膜叫肓。《素问》说："肓之原在齐（qí，音脐）下。"又有"膻中"。膻中即心脏下的横膈膜。朱肱说："心之下有鬲膜与脊胁周回相著，遮蔽浊气，所谓膻中也。"肓又作荒。《史记·扁鹊列传》："搦荒爪幕。"《集解》："搦音舌。"《索隐》："荒，膏肓也。"《正义》："以爪决其阑幕也。"后世的《针灸图经》则把膏肓定为穴位，叫"膏肓俞（shū，音输）"。《针灸图经》说："椎骨诸穴：心腧二穴在第五椎下，鬲腧二穴在第七椎下。""第四椎下谓之膏肓腧。第七椎下谓之鬲关。"段玉裁说："析言之，鬲上肓，肓上膏，膏上心。贾逵、杜预皆曰，肓，鬲也。统言之。"又古代说内脏以鬲为界。自鬲以上如心肺等是清洁的；自鬲以下如胃肠等是污浊的。此即鬲膜遮蔽浊气的说法。所以晋代人说酒有"鬲上"、"鬲下"的分别。鬲上是清而醇的酒，鬲下是浊而薄的坏酒。此又鬲字的引申用法。从《说文》对膏肓的说解，可见古人对人体内脏的分析已经相当精密了。

《左传》这个例子也说明古代的医疗方法。当时已有攻毒、针灸、砭石和服药等医疗方法。所谓"攻之不可"，即《周礼》"凡疗疡以五毒攻之"之攻。所谓"达之不及"，杜预注："达，针。"这里包括灸法、扎针、砭石（砭，石针。马王堆出土的《脉经》作"碥"，《内经》作"砭"。碥、砭皆音边）诸法。

《说文·肉部》所分析的人体内脏器官，颇为精细，且多与古代医学有关。在《引言》中我们曾提到"臑"字一例，说明

《说文》说解之确,现再举数例如下。

七卷《吕部》:𠀉(吕) 脊骨也。象形。𦞩 篆文吕,从肉,旅声。

吕是脊椎骨,人体的主干,是医疗者非常重视的人体部位。吕可以任重,可以背负,人的吕脊如屋之梁,吕梁双声,又鱼阳对转,是一语的孳乳。地方有取名吕梁的,也是取能刚强负重的意思。《诗经》、《尚书》皆用"旅"代替"吕"、"膂"。如《泰誓》:"旅力既愆",《小雅》:"旅力方刚",本字都是"吕"、"膂"。吕脊边缘所生的肌肉最鲜美,其名为"胂",又名"脄"。《广雅·释亲》:"胂谓之脄。"胂脄是同物异名。四卷《肉部》:"脄,背肉也。"《周易·咸卦》:"咸其脄。"孔颖达《正义》引子夏《易传》:"在脊曰脄。"马融说:"脄,背也。"郑玄说:"脄,背肉也。"王肃说:"脄在背而夹脊。"以上诸说,以王肃的说法最为明确。在猪羊体中有两条肉,下邻肾,在脊后,上联于膏,现代汉语叫做"吕肌"或"膂肌",肉最嫩美。俗写做"里肌",系音近而讹,而扬州方言叫"脄子肉",正与《说文》相同。脄字又作胅,见《礼记·内则》和宋玉的《招魂》。郑玄说:"胅,背肉也。"脄、胅古同属哈韵,胅即脄的异体字。《周礼·内饔》脄字作膴。脄、膴双声,则膴为脄的假借字。《针灸图经》把吕膂脄都作为重点穴位,另外,以吕脄附近作穴位的也很多。由此知许慎分析内脏多与医疗有关。

四卷《肉部》:𦞗(胃) 谷府也。从肉,⊗象形。

▨是以▢容米(※即米字,🙾字可证),则▨与囷(qūn,音群之阴平声)同。六卷《口部》:"囷,廪之圜者也。"胃与囷音近(灰痕对转)。《素问》说:"胃者仓廪之官(器官)。"许慎训"谷府",其意一也。《肉部》又有"🐮"(胘)篆,训"牛百叶"。段玉裁引李时珍说:"胘即胃之厚处。"而《广雅·释器》干脆"胃谓之胘"。《公羊传注》:"自左髀达于右胘。"则胘即胃字,二字亦双声相通。又有"🐮"(脘)篆,训"胃脯"。段玉裁说:"胃脯见《史》、《汉》《货殖传》。晋灼曰:'今大官常以十月作沸汤燖羊胃以末椒姜坋之,暴使燥'是也。"《素问》亦直称人体胃为"胃脘"。脘、胘同音,皆与胃双声。

又如四卷《肉部》:"胇,旁光也。"《素问》:"旁光者,州都之官,津液藏焉。"旁光俗名"尿胇"(suī pāo)。胇字孳乳于"孚"。三卷《爪部》:"孚,卵孚也。"卵生有蛋壳,犹胎生有衣胞。九卷《包部》:"胞,儿生裹也。"故古代医书称之为府,腑脏即府藏的意思。析言之,心、肝、脾、肺、肾叫五脏;胃、三焦、胆、大肠、小肠、旁光叫六腑。脏腑又相互联系,《白虎通》说:"旁光者,肺之府也。"则六腑的旁光与五脏的肺相关联。《说文解字》中关于人体内部的分析和名称的记录,直到今天,仍是一般人对于人体内脏的基本常识。

《说文》所记录的病症名称也很多。如蛊病,古代认为是严重的中毒病,马王堆三号汉墓出土的《五十二病方》就有详细的治蛊病方。

十三卷《蟲部》:🐛(蠱) 腹中蟲也。《春秋传》曰,

　　　　皿蟲为蠱，晦淫之所生也。枭磔死之鬼亦为蠱。从蟲，
　　　　从皿。皿，物之用也。

段玉裁说："中蠱皆读去声。《广韵》、《集韵》皆曰：'蠱，直众
切。蠱食物也。亦作蚘。'腹中蠱者，谓腹内中蠱食之毒也。
自外而入故曰中，自内而蚀故曰蠱。"观蠱下说解，盖许慎以
为蠱病是由食物中毒或因肠道、心脏肌肉和脑子的寄生虫
（绦虫幼虫）为害所致。汉代张仲景《金匮要略》说："百合病
者，意欲食，腹不能食。常默默，欲卧不能卧，欲行不能行；饮
食或有美者，或有不欲闻食臭时，如有神灵狐惑之为。病状
如伤寒，默默欲瞑，目不能闭，卧起不安。蚀于喉为惑，蚀于
阴为狐。不欲饮食，恶闻食臭。其面目乍赤乍黑。"所述症状
甚似绦虫入肠道、入脑和侵入心脏的病状。

　　《尔雅·释器》："康谓之蠱。"又说："蠱，谷之飞也。"《左
传·昭公元年》也说："于文皿蟲为蠱。谷之飞亦为蠱。"皿是
饭食之器，米谷腐败化为蠱，谷积久化为飞蛾都叫蠱。《左
传》系举米谷而言，实际上凡食物腐败生出虫蛾皆曰蠱。《论
衡·商蟲》说："谷蠱曰蠱，蠱若蛾矣。"《国语·晋语》："蠱之
慝，谷之飞，实生之。"即古人认为蠱虫从隐匿不显著之时到
谷蠱化为蛾而飞走，是内生而外飞，都是由内因造成的现象。

　　许慎所引《春秋传》见《左传·昭公元年》。其文曰："晋
侯求医于秦。秦伯使医和视之。曰：'疾不可为也。是谓近
女室疾，如蠱。非鬼非食，惑以丧志。'"又："赵孟曰：'何谓
蠱？'对曰：'淫溺惑乱之所生也。于文皿蟲为蠱；谷之飞亦为

蠱;在《周易》女惑男、风落山谓之蛊,皆同物也。'"蛊即毒物。
《周礼·秋官·庶氏》:"掌除毒蛊。"郑玄注曰:"毒蛊,虫物而
能病害人者也。《贼律》曰:'敢蛊人及教令者弃市。'"是蛊本
为毒菌、毒蟲之名,人通过饮食患蛊症,多趋于死。秦汉以前已
有蛊毒害人者。郑玄引《贼律》(据《唐律疏议》:"魏文侯时李
悝创《法经》,有《盗法》、《贼法》,自秦汉至后魏皆名《贼律》、
《盗律》。")书上明文规定,凡制造蛊毒害人者和教唆人用蛊毒
害人者都处以极刑。至于《左传》说晋侯"是谓近女室疾,如
蛊",段玉裁有一段解释:"(医)和言如蛊者,蛊以鬼物饮食害
人。女色非有鬼物饮食也,而能惑害人,故曰如蛊。人受女毒
一如中蛊毒然。故《系辞》谓之'蛊容',张平子赋谓之'妖蛊',
谓之'蛊媚',皆如蛊之说也。"秦医和训蛊为惑,后来构成"蛊
惑"这个词,为毒害、迷惑之义。七卷《疒部》有"瘕"字,说解
曰:"女病也。"《诗经》:"厉假不瑕。"郑笺:"厉、假皆病也。"钱
大昕说:"《唐公房碑》:'疠蠱不遐',即郑笺之'疠瘕不瑕'也。"
瘕病即蛊症。而《史记·仓公列传》说瘕病的病情是小腹痛。

古代医学常常掺入迷信无稽之说。《巢氏诸病源总论》
说:"凡蛊毒有数种,皆是变惑之气。人有故造作之,多取虫
蛇之类,以器皿承贮,任其自相唼食,唯有一物独在者,即之
为蛊。便能变惑,随逐酒食,为人患祸。"这是因为不知道蛊
字从皿是代表食物的意思,就对"皿蟲为蠱"穿凿附会而产生
的迷信谬说。又如:

  七卷《疒部》:瘨 病也。一曰腹胀。

《五十二病方》有"颠疾",又作"廎疾"。廎与瘨同。《广雅·释诂》:"瘨,狂也。"未为确解。二卷《足部》有"蹎"字,训"跋也";二卷《走部》有"𧼩"字,训"走顿也","读若颠"。蹎、𧼩同源,瘨与𧼩亦音义相同,即颠倒的颠字,跌踢之义。"踢"即《汉书·王式传》"阳醉逿地"之"逿"。师古注:"失据而倒也。"这个解释比较形象。《素问·腹中论》:"石药发瘨,芳草发狂。"王冰注:"多喜曰瘨,多怒曰狂。"恐非。盖芳草药之毒发则发狂,服寒石散久而突发则失据摔倒。至于"一曰腹胀"的解释,则另与"䐜"相系。四卷《肉部》:"䐜,起也。"《素问》:"浊气在上,则生䐜。"王冰注:"䐜,胀起也。"又如:

> 七卷《疒部》:瘼(mò,音骂) 目病。一曰恶气著身也。一曰蚀创。

《五十二病方》中所说瘼的病状和治疗方法很多,与七卷《疒部》中瘼的解释完全符合。《五十二病方》有"去人马疣方"。说者谓马疣即瘼疣。瘼系一种目病,瘼疣当是眼部生的肿瘤之类。《病方》:"治瘼:瘼者,痈痛而溃。"又:"瘼者有牝牡,牡高肤,牝有空(孔),……"又:"瘼者,痈而溃,……寿(擣)之,以傅痈空中。傅□必先洒之,日一洒,傅药。"这些说明,皆与《说文》所说的瘼的症状相合。今人有瘼风病,疑即古代之瘼病。又如:

> 七卷《疒部》:瘛 病也。
> 七卷《疒部》:瘲 小儿瘛瘲,病也。

瘛瘲是小儿痉挛之病。瘛瘲是联绵词,与抽搐同。十二卷《手部》:"搐,引也。或作抽。""搐,蹴引也。"瘛瘲(chì zōng,

音赤宗)即小儿手足抽纵、抽搐,现在叫"抽风"。《五十二病方》有"婴儿瘛"条目,并言其症状与治疗方法。

由以上数例可知《说文解字》记录了很丰富的病症资料,这都是劳动人民对疾病斗争的总结,是极其珍贵的。

最后,谈一谈中国医疗用的药草。一卷《艸部》:"药,治病草。"在马王堆三号汉墓出土的《医经方》有"勺药"这个词,可见"勺药"在汉代以前已经产生。前文我们已说过勺药是指调和饮食的佐料。《五十二病方》:"屑勺药,以□半杯,以三指大捽饮之。"此则指药草无疑。这使我们更能了解到食物和药草的关系。中医处方喜和咸、酸、苦、辣以成剂。其所用的姜、桂、乌梅、黄芪等既可用为药物的调和,也可用为食物的调和。这更可从说明药草命名的根本意义。治病之草所以名为药草,正是来源于勺药,取其调和之义。从语言发展规律来看:食物的调和叫"𤖎"(见五卷《甘部》"𤖎"下),治病草的调和叫"藥",音节的调和叫"樂"。《五十二病方》饮藥作"饮樂"。这决不是别字或脱讹,而是樂藥同字的证明。药取调和之义,还可以从剂字之义得到旁证。今医生处方每付药叫一剂,古医书作"齐"。齐有约束、限定的意义,所以齐在这里指制定多少药物和每味药的数量的总和。《周官·天官》之"酒齐"、"酱齐"、"醢(hǎi,音海)齐"、"饮齐"也是指制造饮食的品物和数量,是配药与配制食物同名。《五十二病方》每称药物搅拌为和(huò),即调和义。今犹称用水煎药加水的次数或直称药剂都叫和,也是调和之义。七卷《疒部》:"瘵(liáo,音疗),治也。疗,或从寮。"瘵与藥同一形声系统,癞即藥字。疗字本专指治病而言。而《诗经》"可以疗饥",则把治饿也叫"疗"。这也足以证明医药和饮食的关系是多么密切,更可以清楚地看到古代药物是由劳动人民在农业生产中发明创造的,从而形成了我国特有的医学。

四、关于社会制度

语言是属于社会现象之列的。它既是人们交流思想、交流经验的工具,就必然要反映出人在社会实际生活中的各个方面。在人类社会中,人与人的社会关系产生出社会制度。在社会发展的不同阶段,社会制度也必然发生相应的发展变化。而社会制度的这种发展变化,也必然要在不同时期的语言上反映出来。

人类社会是从原始集团转化为氏族社会的。恩格斯指出:自从禁止一切兄弟姐妹甚至母方最远的旁系亲属间的性交关系的禁例一经确定,原始集团便转化为氏族,而两个互通婚姻的氏族便组成早期的部落。在氏族社会中,这种由血统关系联系起来的氏族所组成的部落各有它的酋长。在部落与部落之间,由于维护各自的利益,常会发生冲突而引起部落间的战争。于是又有部落联盟。部落联盟的最高首领,就是部落联盟的盟主①。

我国历史上传说的五帝,就是部落联盟的首领。因为氏

———————

① 参看《家庭、私有制和国家的起源》。

族社会没有阶级压迫，没有国家机器，所以首领都是由人们推选的。当时每个部落都有酋长，酋长是由本部落推选的。部落联盟的最高首领又是由参加联盟的部落首领推选的。这就是古代文献中所记载的"禅让"制。在禅让之前，先征询"四岳"的意见。这也就是所谓的选举。凡部落首领被选为部落联盟的继承人叫"后"。

　　九卷《后部》：后　继体君也。象人之形。施令以告四方。故从口。（从章炳麟说改）

"后"，本指作部落联盟首领的继承人而言。比如禹，他死后，部落推选的部落联盟的首领叫后益。禹的儿子启把后益干掉了，又自称夏后氏，为禹的继承人，变为家天下，并建立起国家机器，向阶级社会过渡。当时启的国家机器并不巩固，所以"有扈氏"起兵讨伐夏启，《尚书》中的《甘誓》记载的就是启与有扈氏作战的事。其中提到"用命赏于祖，不用命戮于社"。"祖"标志着家天下，"社"则反映了土地私有（详后）。祖、社就是启所建立的进行暴力统治的政权。

　　部落联盟并不是非常巩固的。部落联盟的首领（盟主）除去使用军事力量，主要还依靠神权（宗教力量）来联系部落联盟。"帝"字的产生及其词义的发展就反映了这一历史状况。

　　一卷《上部》：帝　谛也。王天下之号也。

实则上古本以帝为天神之称。故曰："帝，天帝也"（《礼记·孔子闲居》注），"帝者，天号也"（《西京赋》皇注引《尚书刑德

放》),"帝,天神也"(《荀子·强国》注),"胡然而天也,胡然
而帝也"(《诗经·君子偕老》),"天""帝"皆谓神。因此祭天
也叫作帝,后世作禘。

据郑玄的《三礼》注,禘祭的应用范围很广,所以孔颖达
说:"经传之文,称禘非一,其义各殊。"(见《礼记·祭法》疏)
例如,冬至祭昊天于圜丘叫禘,为圜丘者,正以象天之形。北
郊祭后土也叫禘,宗庙之祭也叫禘。但是,禘最初只指祭天。
帝与天本出于一个语源,《周礼·春官·瞽矇》:"世奠系。"杜
子春曰:"帝读为定。其字为奠。书亦或为奠。世奠系,谓帝
系诸侯卿大夫世本之属是也。"可知帝读为奠,与天字音同。

《礼记·丧服小记》:"礼,不王不禘。"郑玄注:"禘为祭
天。"《礼记·大传》:"王者,禘其先祖之所自出,以其祖配
之。"郑注:"此禘,谓祭昊天于圜丘也。"又:"宗祀文王于明堂
以配上帝。"所谓"先祖所自出",是以先祖为感天而生,也就
是天。所谓"以其祖配祭",就是说祭天时用祖先来配祭。这
些都证明禘是祭天之祭。再以卜辞来印证,如:"……子……
祡……十一月。贞勿帝,十二月。"又:"帝东Ⅲ。"这两个帝字
都是祭名,即禘。

"帝",甲文作帚,作帚,作帚。帚象积柴,口象束柴。古代
柴必合束方始用之。郑玄《礼记·月令》注:"大者可析谓之
薪,小者合束谓之柴。"《公羊传·哀公四年》说亡国之社,"掩
其上而柴其下",就是说用散木枝条合束编排作为社宫的四
面墙壁。可见柴具有合束义。帝字以束柴象形,正以表示燔
柴祭天之义。所以帝即禘之初文,其本义为祭天,这是无

疑的。

至于帝所以成为"王天下之号",也和祭天之礼有密切的联系。在氏族社会里,祭天叫作帝,因而主持祭天之礼的部落联盟首领也称为帝。所以称黄帝、帝喾、颛顼、帝尧、帝舜为五帝。这种情况,正和后来的奴隶社会里,祖庙叫宗,主祭宗庙的人也叫宗一样。(七卷《宀部》:"宗,尊祖庙也。"其字从宀从示,正象祖之神居于庙中之形,因此祖庙叫宗。在奴隶社会里,王则是宗庙的主祭人,所以王也称宗。如殷有"高宗""太宗""中宗"等。《诗经·公刘》:"君之宗之。"可见"宗"就是君。)由此可知,"帝"字由祭天之本义,到"王天下之号"的意义,二者之间本来是有极为密切的关系的。

上古时代部落联盟的首领召集各首领举行禘祭来祭天,其实际目的是通过神权的力量来维护各部落之间的团结。禘祭要用柴焚燎来祭天,这种把散木合束在一起的形式,正是各部落要团结为一体的象征。所以帝字又孳乳为缔。十三卷《糸部》缔字训"结不解也"。后来,氏族社会发展到奴隶社会,推选(禅让)制度也被宗法制所代替。上面说过,宗是"尊祖庙也",所以宗法制度就是主祭人享有世袭的权利。这时,祭天的内容也有了变化,就是开始配祖,《礼记·祭法》所说的"郊""禘""祖""宗"就是把祖先和天神结合起来。奴隶主阶级这样做的目的,是为了凭借神权的力量来巩固土地私有、国家世袭的制度。

从语言发展上看,氏族社会的"后"到了阶级社会变为"侯"。"后"与"侯"本同音。《尚书·舜典》:"班瑞于群后。"

群后即后世诸侯。

> 五卷《矢部》:**疾**（侯）　春飨所射侯也。从人。从
> 厂。象张布。矢在其下。……其祝曰：毋若不宁侯，不
> 朝于王所，故伉而射汝也。

射侯本是在神权统治下的诅咒仪式，恐怕起源于氏族社会，是用以诅咒叛变的部落首领的。进入阶级社会以后，遗风未泯。《左传》就屡次记载盟主召集诸侯的盟会，有誓词，有诅咒。许慎解侯字为射侯，又根据《周礼·考工记》概括地记载了这个诅咒之辞。这个诅咒之辞还见于《大戴礼记·投壶》和《白虎通义·乡射》，用辞有详略不同和文字上的差异。其中《考工记》的引文比较完整，今录其文于下：

> 维若宁侯，毋或若女不宁侯。不属于王所，故抗而
> 射女。强饮强食，诒女曾孙诸侯百福。

这段咒辞中首先以"宁侯"和"不宁侯"对比。宁侯是盟主所奖励的，不宁侯是盟会上大家共同诅咒之人。所以第一句先举出所奖励的人以示劝勉，第二句明白指出背叛联盟的人，作为大家共同射杀的对象。其次，历数射杀对象的罪恶。"不属于王所"的"属"是参加联盟，也就是对盟会顺从。"王所"指王所在地，包括王都和盟会地点。最后是给射侯的人祝福。《左传》记录许多盟会，其盟辞大体相同。氏族社会部落联盟的集会和宣言已不可考，但周代这种射侯前的宣誓肯定来源于前代，只不过形式上有所变化而已。

章炳麟先生在《文始》中有一段阐发射侯之事：

> 射侯得名，因于诸侯。《六韬》说："丁侯不朝，太公画丁侯，射之。"《史记》亦说："苌弘设射狸首。"狸首者，诸侯之不来者也（案狸即不来的合音）。盖上古神怪之事讫周未息。《（礼）记·射义》言："射中者得为诸侯。"《春秋国语》言："唐叔射兕于徒林，殪以为大甲，以封于晋。"《射义》说亦有征。此则周道尚文，因巫事而变易其义也。盖本言群后，因射群后不朝者而作侯。由是借侯为后，且以为五等之名焉。

章氏所谓"上古神怪之事"就是我们所说的射侯本来是氏族社会利用神权举行的一种诅咒仪式。

在生产力十分落后的情况下，部落之间发生战争，交战双方要大批杀戮俘虏。进入奴隶社会后，统治者虽然知道劳动力的可贵，逐渐把俘虏留下来充作奴隶，但被奉为"国之大事"的神圣的祭祀也总是沾满奴隶们的血污。这一历史现实在《说文》的许多说解和字形中可以看出来。例如：

> 一卷《示部》：祭 祭祀也。从示。以手持肉。

祭字本训残杀。《礼记·月令》："孟春之月，鱼上冰，獭祭鱼。……孟秋之月，鹰乃祭鸟，用始行戮。……仲秋之月，豺乃祭兽、戮禽。"（《大戴礼记·夏小正》亦有"獭祭鱼，豺祭兽"之文。）"獭祭鱼""鹰祭鸟""豺祭兽"三个祭字应直接训为"杀戮"。考商代契文"祭"字作"𥘅""𥙊"二形，形象地表达了残杀奴隶,手持鲜血淋淋的肉块来祭天神和宗庙,实在令人惊心动魄(《说文》也说祭字是"以手持肉")。《左传》言"周公杀管叔而蔡蔡叔"(昭公元年),又说"管蔡为戮"(襄公二十一年),蔡即祭字。《三体石经》"蔡",古文作"𥝩",即古文杀字。知祭即杀戮义,亦与杀通用。《尚书·禹贡》:"二百里蔡。"马融注:"蔡,法也。受王者刑法而已。"此以蔡为蔡蔡叔之蔡。郑玄谓"蔡之言杀",可证蔡与祭字义同。

古代杀戮俘虏,以供献所尊仰的天神,则给祭字傅上了祭神的色采。但是古人又称祭为"血食"。如《左传·庄公六年》:"抑社稷实不血食。"用血食概括出祭社稷的仪式,则杀戮的内容已暴露无遗了。在语言上,"祭"与"残"实为一语。二者声相近,韵对转。四卷《歺部》:"残,贼也。"古谓用兵刃杀人为贼[1]。残、殚亦同语。四卷《歺部》:"殚,禽兽所食余也。"《切韵》音"昨干切",与残同音。人相杀叫"残",禽兽相杀叫"殚",其实一也。总之,"祭"源于残杀,古代杀人以祭,后代杀牲以祭。所以杜预《春秋经传集解》说:"无牲而祭曰荐,荐而加牲曰祭。"(见《左传·桓公六年》)

又"祭"与"肆"亦同语。《大戴礼记·夏小正》:"七月……貍子肇肆。"传曰:"其或曰肆,杀也"[2],是传训肆为杀。

---

[1] 《左传·昭公十四年》:"雍子自知其罪而赂以买直,鲋也鬻狱,邢侯专杀,其罪一也。已恶而掠美为昏,贪以败官为墨,杀人不忌为贼。《夏书》曰,昏、墨、贼,杀。皋陶之刑也。"

[2] 孔广森《大戴礼记补注》:"广森以为或曰是也。""其或曰与《穀梁传》'其一曰'句法正同。"

《论语·宪问》"肆诸市朝"，即杀于市朝。《尚书·牧誓》："昏弃厥肆祀弗答"，则以肆为祭祀之祭。（《史记集解》引郑注说，"肆，祭名"。其实肆即祭。）《周礼·典瑞》："以肆先王"，也用为祭字。然《尔雅》又以肆为兽名，字变作"貄"。《尔雅·释兽》："貄子，貄。"本或作肆。依《说文》则为"𧱤"字。九卷《㣇（㣇）部》："𧱤（sì，音四），㣇属。从二㣇。𧱤，古文𧱤。《虞书》曰，𧱤类于上帝。"今本《尧典》皆做"肆"。许慎引古文《尚书》是以𧱤为古肆字。训㣇属者，㣇、𧱤皆古代凶猛之兽，专杀食动物，因用㣇、𧱤表示残杀。九卷《㣇部》："㣇，脩豪兽。一曰，河内名豕也。从彑，下象毛足。读若弟。㣇，籀文。㣇，古文。"但《说文》又以"㣇"为古文豕字，㣇即㣇字。可见㣇既为脩豪兽又以为豕字，是一形的引申用法。又有"豸"字，九卷《豸部》："豸，兽长脊，行豸豸然，欲有所司杀形。"章炳麟先生说："㣇盖与豸同物。从长脊言为豸，从脩豪言为㣇。狐貙、貔貍皆兼二事。豸、㣇古音并如弟。"（见《文始》四）

再者，残杀与残余义相引申。凡残杀之事不能尽食其骨肉，必抛弃其残余。所以獭豺残杀鱼兽之后，把残余的骨肉，抛弃在水涯和山上。这是"獭祭鱼，豺祭兽"的事实情况。因此祭兼有残杀、残余二义。殈字训禽兽所食余，也说明了残杀与残余二义的关系。与残同音的有"餐"字。韦昭以为"小食"，而《汉书》每言"赐餐钱"，是皇帝把食之余赐大臣叫"餐"。此皆由殈受义。从祭声的有"蔡"（一卷《艸部》）训草，此即治田拔除不尽的余草。有"幯（xiè，音谢）"（七卷《巾部》)训残帛,此即裁衣时所余的零头。与祭声对转的有"嵳(cuó,音痤)"(十三卷《田部》)训殅薉田也。殅薉即拔除不干净的余薉。又案"肆"与"肆"同。三卷《聿部》:"𦘒,从聿声。籀文作𦘒,篆文作𦘒。"此即九卷《镸部》以𦘒为肆的确证,亦肆、肆古同音之明证。《诗经·汝坟》:"伐其条肆。"毛传:"肆,余也。"《礼记·玉藻》:"肆束及带。"郑玄注:"肆,余也。"可证"肆"、"肆"古音义皆同,亦知肆训残杀,亦训残余。古代祭本以残杀之余为祭品,以人为祭品时,盖用人体的一部分,这与周代用牲祭,也是在肆解后(分为七部分)以一部分用为祭品是相同的。

上文说过,"社"字的出现及其字义反映了土地私有制度的出现。"社稷"之制在中国的奴隶社会和封建社会中延续了几千年。弄清"社"的制度、形制、所祭之神等,对于了解中国古代的社会制度是很有帮助的。《说文》在这方面可以给我们不少启示。如:

> 一卷《示部》:社　地主也。从示,土声。《春秋传》曰:共工之子句龙为社神。周礼二十五家为社。各树其土所宜之木。禩　古文社。

首先谈谈关于社的制度。

社是在奴隶社会和封建社会用神权观念来维护奴隶主和地主土地占有制度的一种礼制。

古代社和土同音。《甘誓》:"用命赏于祖,不用命戮于社。予则孥戮汝。"《左传·闵公二年》:"间于两社,为公室辅。"《汉书·叙传》："布历燕齐，叔亦相鲁。民思其政，或金或社。"社字与祖、辅、鲁诸字相谐，可见社字古音同土。

社和土地有极密切的关系。土地是古代人们赖以生存的劳动资料。十三卷《土部》："土，地之吐生万物者也。"六卷《屮部》："屮，草叶也。垂穗上贯，一下有根，象形。"屮象吐生万物之状。土和屮实一文之变易。这说明土是人的食物的来源。又，土的派生词有度（已见上文）。度居就是宅居（《尧典》今文"度居"古文皆作"宅居"）。七卷《宀部》："宅，人所托居也。"所谓"相宅胥宇"，就是选择一块好地方居住的意思。宅字从乇，正是包含了土地肥沃的意思在内。总之，人们必须在土地上进行生产劳动来取得生活资料。在奴隶社会和封建社会，奴隶主阶级和地主阶级为了维护他们占有土地的制度，于是产生了用神权把这种土地私有制度固定下来的上层建筑，这就是社。

下面谈一谈奴隶制度的社。奴隶制度的社有公社和私社。《礼记·祭法》说："王为群姓立社曰大社；王自为立社曰王社。诸侯为百姓立社曰国社；诸侯自为立社曰侯社。大夫以下成群立社曰置社。"其中的"大社"、"国社"是在王都、国都内，即所谓公社。另外，又有"邑社"、"州社"、"乡社"、"里社"，也是公社。其中的"王社"、"侯社"是在藉田，即所谓私社。

大社、国社之所以称为公社，乃是把它作为土地所有权集中于王和诸侯的一种表征（古代进行农业生产的奴隶也算作土地上附属的资产）。《左传·昭公七年》："封略之内，何非君土？食土之毛,谁非君臣？故《诗》曰:普天之下,莫非王土;率土之滨,莫非王臣。"楚申无宇这几句话正说明了奴隶社会全部土地,包括土地上从事生产的奴隶都为王所私有。诸侯封略之内的全部土地,包括土地上从事生产的奴隶都为诸侯从王那里接受来的私有物。至于卿大夫则虽有食邑、采地,却无土地所有权,所以他们也不能立社。故《礼记·祭法》郑注说:"大夫不得特立社,与民族居百家以上则共立一社。"《荀子·礼论》也说:"社止乎诸侯。"这就说明社是土地所有权的一种象征,它表示土地私有的高度集中。

从王的大社和诸侯的国社的关系上也表现了当时的土地关系。据《逸周书·作雒》说大社曰:"其坛,东青土,南赤土,西白土,北骊土,中央冒以黄土。将建诸侯,取其方面之土,煮以黄土,苴以白茅,以为土封。"诸侯就是用这块土作为封地的象征在国都建国社。国社比大社小一半(大社广五丈)。

至于里社(又称民社),实质上也是王侯土地私有制的表征。许慎说:"周礼二十五家为社。"孔颖达说:"礼有里社,故《郊特牲》称,唯为社事单出里。以二十五家为里,故知二十五家为社也。"许慎所说的"周礼"是周代的礼制。《左传·昭公二十五年》:"齐侯曰:'自莒疆以西,请致千社,以待君命。'"杜预注:"二十五家为一社。千社,二万五千家。"从这段记载可知东周还是以二十五家为社的。里社又作"书社",《左传·襄公十五年》:"书社五百。"杜注:"二十五家为一社,籍书而致之。"郑玄对里社的解释与许慎不同,以"置社"为里社。孔颖达按郑玄的说法作了这样的解释："如郑此言,则周之政法,百家以上得立社,其秦汉以来,虽非大夫,民二十五家以上则得立社。"许、郑二家虽然解释有所不同,但是在里社也是王侯土地私有的象征这一点上则是一致的。

下面谈谈私社。私社指王侯的"王社"和"侯社",设在"籍田"。《诗经·载芟·序》说:"春籍田而祈社稷也。"毛亨《诗经·瞻仰》传:"古者天子为籍千亩,诸侯百亩。"郑玄笺《诗经·载芟·序》也说:"籍田,甸师氏所掌,王载耒耜所耕之田。天子千亩,诸侯百亩。"可见籍田是王侯的私田,籍田里的生产品供王侯个人的生活用度。那么,为什么叫"籍田"呢?籍,《说文》作"耤"。四卷《耒部》:"耤,帝耤千亩也。古者使民如借,故谓之耤。"《天官·甸师》:"掌帅其属而耕耨王藉,以时入之,以供齍盛。"《国语·周语》也提到王籍,并说:"庶人终于千亩。"郑玄《甸师》注:"庶人终于千亩,庶人谓徒三百人。"韦昭《国语》注:"终,尽耕之也。""庶民,甸师所掌之民也,主耕耨王之籍田者。"总之,就是使奴隶进行无偿的耕耨劳动,也叫力役之征。所谓"使民如耤",不过为残酷剥削涂脂抹粉而已。其实,公社或国社所有的田亩,也是"使民如耤"的。

耤亦与耡通,四卷《耒部》:"耡,殷人七十而耡。""耡,耤税也。从耒,助声。《周礼》曰:以兴耡利萌。"《地官·遂人》作"兴耡利甿"。注:"郑大夫读耡为藉。"《孟子》说:"虽周亦助也。"可见耤、耡音义本同。与耡同音系的又有"租"。七卷《禾部》:"租,田赋也。"在奴隶社会,租也是力役之征(参看第一章第一节）。由于"籍"、"租"是强迫性的力役之征，故又与"责"音义相通（籍、租、责是双声同语），六卷《贝部》："责，求也。"后来，随着社会制度的改变，这些字的意义也发生了变化。在封建社会里，"租"字变为米谷之征，故七卷《禾部》："税，租也。""耤"字变为"借"，"责"字变为"债"。"债"字的意义又和"赀"、"资"相引申。《三国志》注引《魏略》："匈奴名奴婢曰赀。"《南齐书·河南氐羌传》："虏名奴婢为资。"债字的意义即是来源于对奴隶劳动的责求，所以后来也称奴隶为赀、资。

下面再谈谈关于社的形制。

《地官·大司徒》："设其社稷之壝，而树之田主。各以其野之所宜木，遂以名其社与其野。"郑玄注："壝，坛与堳埒也。"案《说文》无"壝（wéi，音围）"字。十三卷《土部》："坛，祭场也。""埒，卑垣也。"委为委土之总名，故坛、埒皆谓之壝。

社又名"社宫"（见《左传·哀公七年》）。社宫指埒而言。宫不是房屋而是周围的屏障。《礼记·丧大记》："君为庐宫之。"郑注："宫谓围障之也。"《尔雅·释山》："大山宫。"郭注："宫谓围绕之。"大山宫就是群山环绕。《周礼·小胥》："王宫悬"。郑注："宫谓四方悬也。"悬，指悬挂乐器的架子，王宴宾客四面都设悬叫"宫悬"。凡社宫都有高卑两重垣墙，外卑垣叫"堳埒"，内高垣叫"墉"。堳埒是社宫的界域，墉是藏社的祏主的地方。墉这道墙是束木而涂之以土建造的，《晏子·问上》："夫社束木而涂之，鼠因往托焉。熏之则恐烧其木，灌之则恐败其涂。"就说的是墉。

许慎说："周礼二十五家为社。各树其土所宜木。"好象只有里社才树木，其实并不如此。凡社必树木。《魏书·刘芳传》引《大司徒》及《封人》之文，证社必有树。又引《五经通义》说："天子大社、王社；诸侯国社、侯社。社制度奈何？曰，社皆有垣无屋，树其中以木。有木者，土主生万物，万物莫善于木，故树木也。"《墨子·明鬼》："三代之圣王其始建国营都，日必择国之正坛，置以为宗庙；必择木之修茂者立以为蕞位。"可见社都是要树木的。

另外谈谈胜国之社。《公羊传·定公六年》："亡国之社盖掩之。掩其上而柴其下。"郑注《周礼》作"奄其上而栈其下"。柴、栈一音之转。掩其上是把社宫盖上屋顶。《月令》郑注："小者合束谓之柴。"所谓柴（栈）其下就是编散木为墙壁，蔽其四面。这样做的目的则如《礼记》所说："丧国之社屋之，不受天赐也。"今举两例说明：

　　《春秋·哀公四年》：六月辛丑，亳（bó，音博）社灾。（案此"亳社"有屋，故火得焚之）

　　七卷《宀部》：宋　居也。从宀，从木。读若送。

钱坫说："字从宀从木，木，社木也。宀，居也。《白虎通义》：'社无屋，以通天地之气。胜国之社则居之，示与天地绝。'屋者，居也。此制字之义。考宋字自周武以前无之，特为此而起，亦无他训可求。《释名》：'宋，送也。地接淮泗而东南倾，以封殷后。若云滓濊所在，送使随流东入海也。'与许君相发明。夫子于黄帝、尧、舜、禹皆曰封，独殷后曰投。郑康成曰：

'投'举徙之辞。义与'投诸四裔'、'投畀有北'正同。当时武庚叛亡,继殷者有不殊远之势。如箕子尚置于朝鲜,朝鲜在海之东北,宋在海之东南。其方不同,其例则一。凡许君之读若者,皆声义相兼。刘熙特通其学,故在在与许君吻合。"①

关于社稷所祭之神。许慎引《春秋传》以共工之子句龙为社神,郑玄则谓周礼以土祇为五土之总称。当以郑说为是。社神就是后土之神,也就是地祇。稷是小米(清程瑶田《九谷考》谓稷为高粱,殊为荒谬),为五谷之长,稷神为田正。清代全谢山说:"古人之祭也必有配,故社之配也以句龙。降而'国社'、'乡社'、'里社'则以其有功于斯土者配之。今之社无配,而别出为城隍,又歧出为府主,是皆国社之配也。又降而一都一鄙皆有境神,是皆即古'乡社'、'里社'之配。"全氏社祭之说可以说是能通古今之变了。

又十二卷《女部》:"姐,蜀(人)谓母为姐,淮南谓之社。"《淮南子·说山训》:"西家子见之,归谓其母曰:'社何爱速死,吾必悲哭社。'"(何爱:何忧)此许氏所依据。高诱注也说"江淮谓母为社"。案以土神作母亲的称谓,在西欧语言里也有这类情形。如拉丁文的 Terra 是土地,引申为专名 Terra(阴性)、Tellus(阳性),则为地神,亦即汉语的"社"。但此神有别名叫 Magna Mater,译作"伟大母亲"。可见人类都认为土地是

---

① 今说者或以宋为商之音变,宋为商后,改曰宋。《诗经》之《商颂》皆宋人所作也。

生长一切物质的，因以土神为"母亲"的称号。又汉语之母又作"敏"。《礼记·中庸》："地道敏树。"《释文》："敏，或作谋。"作敏者，声之转；作谋者，谋即腜字，亦即腜孕之义。

氏族社会末期，由于部落之间战争的频繁，加速了掠夺和私有财产的增长，使氏族分化加剧。社会集团不能继续依靠氏族的组织来维持，于是形成了阶级社会。在氏族社会行将崩溃的时候，首先是氏族内部产生了剥削他人的富有者和被剥削的贫穷者。有时穷人因为负债，被迫把自己的女儿作抵押品，这时已经产生奴隶了。

　　　　十二卷《女部》：㐱（女）　妇人也。象形。

自母系社会解体，父系社会开始，经济命脉便掌握在男子手里，女子只作些家务劳动，而女人的身分地位便从此降低。从语言角度看，女字古音奴（《三体石经》"怒"古文作"㤂"，是女奴同音），则女即古奴隶的奴字。

　　　　十二卷《女部》：㚰（奴）　奴婢。皆古之辠人也。《周礼》曰：其奴，男子入于辠隶，女子入于春槀（从段改，音稿）。从女，从又。㚯　古文奴。从人。

奴的孳乳字有"帑"。七卷《巾部》："帑，金币所藏也。"而《诗经》："乐尔妻帑"，毛传："帑，子也。"由此可知女儿与抵债的联系。女人皆从事春（捣米）槀（作饭）的家务劳动。《白虎通义》和《释名》都说："女，如也。"如训从，从有从事和服从的意义，就是从事家务劳动和服从家长的役使。《三体石经》古文服作𡥀，从女，恐象女子在屋下劳动之形。然八卷《人部》"僃"字训慎，古文作"𠋦"，下亦从女。僃与服音义相通。《周易》："服牛乘马。"二卷《牛部》引作"犕(bèi，音备)牛"。《左传》"伯服"，《史记》作"伯僃"。《说文》女字训妇，妇字训服，服亦服役之义。妇字又作负。《列女传》："魏曲沃负者，魏大夫如耳之母也。"《史记·高帝纪》："常从王媪、武负贳酒。"如淳注："俗谓老大母为阿负。"负即妇字。六卷《贝部》："负，一曰，受贷不偿。"是妇、负也与抵债有关。开始以抵债的女人为奴，也是奴隶制度的发端。

奴隶社会中的奴隶有三个来源：第一，氏族后期用女儿作欠债的抵押。所谓奴婢。第二，战争中的俘虏。俘虏并不限于作战的人。战争就是掠夺，有男俘有女俘。在氏族社会，男俘或为祭品，或为食品(汉代尚有烹刑，应即古代煮人而食之遗)，女人则为婢为妾。在奴隶社会则以男俘为生产工具。第三，本族中犯辠者。这种人在奴隶社会中原先是小奴隶主，后因触犯大奴隶主而变为奴隶。《左传·昭公三年》晋国叔向对齐国晏婴叙述晋国大臣的变化，说道："栾、郤、胥、原、狐、续、庆、伯降在卑隶。"(栾、郤等八氏，都是公族，因获罪而灭族，因灭族而八氏后人没为奴隶。)三者之中，以战争中掠夺的俘虏为主要来源(在战争中可以大量掠夺，又可以选择年富力壮的男人充任劳动工具)。由《说文》所收"女"、"奴"的字形看，"女"形象地表明了是捆缚双臂的俘获品，"奴"字更说明是用手掠夺的俘虏。

三卷《臣部》：臣 牵也。事君也。象屈服之形。

牵为牲畜之称。《周礼》有"牲牵"、"牵徬"，指牲畜，指牛。《左传·僖公三十三年》："唯是脯资饩牵竭矣。"饩牵为烧牛肉。牛必须用绳牵引，故牛得称牵，臣字训牵也是由牲牵取义。《礼记·少仪》："献臣则左之。"郑玄注："臣谓囚俘。"打猎时有杀死的兽，有囚俘的牲。"献臣则左之"，是说把囚俘的牲放在左边以为献俘的仪式。事君的义项则是奴隶。《周易》："畜臣妾。"《尚书》："臣妾逋逃。"《左传》："男为人臣，女为人妾。"可见臣妾都是奴隶。训牲训奴隶这两个义项是有关联的，因为牲和奴隶都是来自虏获，并且牲与臣都是用作劳动工具，故异实而同名。总之，凡捆系牵引的人和牲都叫臣。由臣孳乳的字有臤，这和奴字是女字的孳乳一样。古称臣和称奴相同（《大唐西域记》记载高昌与突厥可汗书，自称曰奴）。章炳麟《文始》说臣象屈服之形，"其形当横作，奚缚伏地，前象其头，中象手足对缚著地，后象尻以下，两胫束缚故不分也。"考八卷《臥部》："臥，休也。从人，臣，取其伏也。"古人卧是"坐寐"。坐即跪，跪而头手扶于短几上叫卧。所以古书上说："隐几而卧。"卧字从臣，正以说明坐寐时身体蜷局屈伏的形状。又如：

十二卷《民部》：民 众萌也。从古文之象。 古文民。

萌与氓同。甿训田民，氓训民，是民为农田耕作的奴隶。从古文之象，则为正字。之形从女（奴）而捆系牵曳之。在

奴隶社会,强迫奴隶在农田进行劳动,防其逃逸,多械其足。古文本作"㞑",实象械足之形。再如:

> 三卷《辛部》:童 男有辠曰奴,奴曰童。女曰妾。𥫖籀文童。中与竊中同从廿。廿,以为古文疾字。

清人汪中有《释童》一篇(见《述学》)。谓古代奴隶必受髡钳的刑法,髡是剃发,钳是脖子上卡上铁环。汉代已是封建社会,但奴隶仍有髡钳。如《史记·张耳陈馀列传》:"逮捕赵王、贯高与客孟舒等十余人,皆自髡钳,称王家奴。"童与秃音义皆同,因此称没有角的牛羊叫"童牛"、"童羖",没有草木的山叫童山,乃至土地无草木者叫"童土"。古代的小孩落生三个月后剪发为鬌(duǒ,音朵),七、八岁以后总角,到二十岁戴冠。戴冠必用纚笄(xǐ jī,音洗机)连结在头发上。奴隶不允许戴冠,所以髡其发。但未到戴冠年龄的小孩也叫童。古代女人有元服(如假发之类),惟不能著冠,故君夫人自称为"小童"。童与竖亦同音义。春秋时代晋国有奴隶叫"竖头须"(见《左传·僖公二十四年》),《周礼·天官》有"内竖"(郑玄注谓"竖,未冠者之官名"。实则内竖为奴隶),竖亦引申为竖子(小孩)。奴隶必先受刑,春秋时代的"寺人"、"奄人"、"椓人"都是受刑以后为奴隶者。汉代有人自称为"刑余之人",也就等于自称为奴隶。

《左传·昭公七年》楚国申无宇说:"人有十等:王臣公,公臣大夫,大夫臣士,士臣皂,皂臣舆,舆臣隶,隶臣僚,僚臣仆,仆臣僚(tái,音台)。"自皂以下都是奴隶。舆是众,可随军服役,即《左传》所说的"舆人"。隶即罪隶,《周礼》所谓"入于罪隶"。僚即劳字,所谓充当劳苦之役者。仆,甲文作"𡏭",象系尾之人手奉箕弃物之形,则为执贱役渎㸑(dǔbān,音堵般)之事的奴隶。僮为最下,谓之僮者,是逃亡以后,又被追索捕获的奴隶,也称为"陪僮"。所以,申无宇又说:"无所执逃臣,逃而舍之,是无陪僮也。"在阶级社会的历史中,奴隶制是一种最凶狠、最残酷、最野蛮的阶级压迫制度。在奴隶主贵族严密监视下的奴隶,有的戴上桎梏,有的缚上绳索,强迫他们进行繁重的劳役,过着牛马不如的生活,因而不断发生奴隶逃亡的事件。《尚书》上说的"臣妾逋逃",卜辞中也多见"丧人"、"丧众",和商王派人追捕逃亡奴隶的记载,正反映了奴隶们的这种斗争。周初,奴隶主也想尽措施来对付奴隶的逃亡,如"周文王之法曰,有亡,荒阅"(《左传·昭公七年》)。就是有逃亡的奴隶,在全国进行"大简阅"(检查户口)。又说:"盗所隐器,与盗同罪"(《左传·昭公七年》)。又如楚弃疾誓曰:"有犯命者君子废,小人降"(《左传·昭公六年》)。君子指公、大夫、士,小人指皂、舆、隶、僚、仆、僮。这里是说用降等级的办法来惩治不驯服的奴隶。

何以称逃亡后又被捕获的奴隶为僮呢?十卷《马部》:"駘,马衔脱也。"《方言》:"台,失也","胎,逃也。"台、胎、駘为同源语。马欲逃必须乘人不备脱衔而去。《庄子》所说的"诡衔窃辔",就是形容马的脱逃的。僮为駘之声借。所以"僮"字正生动地反映了奴隶挣脱枷索进行逃亡的斗争。

　　僬又称"陪僬","陪"有双重意思,与"陪臣"之陪义同。管仲对周王称陪臣,表明自己既为周王服务,又为齐桓公服务,是为双重服务的奴隶(见《左传·僖公十二年》)。齐崔杼的卫士对齐庄公自称陪臣,亦同(见《左传·襄公二十五年》)。"陪僬"是捕获的逃亡奴隶,其身分仍是奴隶主的奴隶,但必须置于等级高的奴隶的监督之下,并且要为僚、仆这样的奴隶们服劳役,因而其身分又成为奴隶的奴隶。

　　总之,殷商时代是奴隶社会制度最完备的时期,卜辞中的文字必然要反映出这种社会制度。研究甲骨文字的学者由字形来说明奴隶制度方面,有很多著述,内容已相当详备了。《说文解字》所收的文字是比较晚的,但有许多形体和字义的解释,仍可作为说明奴隶制度的补充材料。

第四章 《说文解字》的局限性

《说文解字》把汉民族的语言文字编成一部有系统的专籍,这对后人研究语言文字学、文献学以及考古和整理文化遗产是一个不能缺少的阶梯。但是,我们必须看到,更应当指出,由于时代和阶级的局限性,这部书里不能不反映出许慎的封建的政治思想和唯心主义的世界观。在这些方面,我们必须予以认真的分析和批判。

一、维护封建统治的立场和观点

许慎在《说文解字·叙》里说:"文字者,经艺之本,王政之始。"这句话非常鲜明地说明了他作这部书的目的就是为当时的封建统治阶级政治服务的。因此,他对某些字的解释,也必然要带上维护封建统治的色彩。例如:

> 一卷《王部》:王 天下所归往也。董仲舒曰:"古之造文者,三画而连其中,谓之王。三者,天、地、人也;而参通之者,王也。"孔子曰:"一贯三为王。"吏 古文王。

许慎对王字字义的解说和字形的分析都是替大奴隶主涂脂抹粉歌功颂德的,完全曲解了王字的字形、字义。从甲骨文看，王字作""（见《殷虚书契前编》第四卷），金文作""（见格仲尊），与《说文》的古文作""。比较三个形体是有系统的笔势演变，都是象斧头的形状。

古代称王者始于夏、商、周。历史上夏代的记载较少，《尚书·甘誓》说夏启已建立了"祖"与"社"。"祖"代表了传子的世袭制，"社"代表了土地个人占有制。夏启开始用世袭制破坏了禅让制，用土地个人占有制破坏了氏族、部落的公有制，这是一个社会发展的标志或一次社会制度的变革，由此阶级分化，逐渐进入奴隶制社会，出现了国家。恩格斯说："由于国家是从控制阶级对立的需要中产生的，同时又是在这些阶级的冲突中产生的，所以，它照例是最强大的、在经济上占统治地位的阶级的国家，这个阶级借助于国家而在政治上也成为统治地位的阶级，获得了镇压和剥削被压迫阶级的新手段。"（《家庭、私有制和国家的起源》）"王"字正是镇压奴隶的武器的象形，"王室"就是镇压和剥削被压迫阶级的政权机构。《礼记·明堂位》："昔者周公朝诸侯于明堂之位，天子负斧扆南向而立。""斧扆"是画着斧形的围屏，也就是用斧子的形象标志王位。这就清楚地表明王字的本义正是奴隶主镇压和屠杀奴隶的武器，"王位"是反映操握生杀与夺大权的奴隶主的地位，"王室"则是奴隶主镇压和剥削奴隶的政权机构。许慎对于王字的本义并不了解，却引用董仲舒和汉代谶纬中孔子的说法，把双手沾满奴隶鲜血的奴隶主说成是具有贯彻天、地、人之道的品德的高贵圣人，充分表现了许慎的时代和阶级的局限性。

王与戌为一语之变。带柄的斧子叫戌，甲骨文作"𐤅"（见《殷虚书契前编》第四卷），金文作"𐤅"（见立戌尊），《说文》作"𐤅"，也是有系统的笔势演变。许慎在王字下为奴隶主进行美化，但他没有认识到在"戌"字的说解里却无意中道破了"王"字的真实意义。他在十二卷《戌部》"戌"下引《司马法》的说法，谓"夏执玄戌，殷执白戌，周左仗黄戌，右秉白旄。"这倒可以说是把三王的权势和他们统治人民的主要手段暴露无遗了。

许慎对汉王朝最高统治者是竭诚尽忠的，为此他甚至违背历史事实、科学规律，在说解中对汉代皇帝进行吹捧。例如：

> 三卷《丵部》：對（对） 𪜎（yìng，音硬）无方也。从丵，从口，从寸。對 對或从士。汉文帝以为责对而为言多非诚对，故去其口以从士也。

案"對"字甲骨文、金文已有之，甲骨文作"𡘙"（见《日本京都大学人文科学院藏甲骨文字索引》），金文作"對"（见《虢叔钟》），显然"對"字绝非汉文帝所造。而许慎谓"汉文帝改从口为从士"，不独穿凿曲解，而且用荒唐无稽的话吹捧汉代皇帝的"盛德"，简直令人莫名其妙。

我们由甲骨文、金文看"對"字的字形，可知对字本不从士而从土。章炳麟先生用"對"（封）字的形义与"對"相比，分析"對"的结构，明确指出"對"当从丵。三卷《丵部》："丵，丛生草也。象丵岳并出也，读若浞。"丵即古丛字，象草木丛生。

然则"對"字从丵从土从寸者,乃表示人功培养的草木生长旺盛之象。再从文献中的對字来看,《周易·无妄·象》曰:"天下雷行,……先王以茂對,时育万物。"时育是同义词,"时"即《尚书》"播时百谷"之"时",亦即后出的"蒔"字,训移植、种植培育。茂對也是同义词连用。對字的本义是培育草木使之茂盛,故引申形容林木丰茂。又《后汉书·马融传》:"丰肜、對蔚。"丰肜、對蔚都是叠韵连语,也都是形容林木茂密之象。又宋玉《高唐赋》:"樸兮若松榯",樸字即對字之异体,亦用以形容林木密茂。對字和封字在形义上是有联系的,十三卷《土部》封字从土,从寸,从㞢,又"坒,古文封。軐,籀文从丰。"《左传·昭公二年》:"宿(鲁季武子名)敢不封殖此树。"封字即种植义。《离骚》:"又好射夫封豕。"则封字又有肥盛之义。對与封在语音上是不同的,是截然有别的两个词;但在形义上又是互相联系的:从形体结构上看,一从丵,一从㞢,同是草木的形象;在意义上,都有培植和丰茂之义,不过對重在草木茂密,封重在聚土而已。

至于對字有"相对"、"敌对"之义,章炳麟先生说:"艸丛生,故训茂。相并,故引申亦为敌对。"谓"丵"有相出之象因而引申为敌对,义殊穿凿。(清徐灏[hào,音浩]也有这种臆测,见《说文解字注笺》)。今考對为对答、对待之义,盖是"谓"之声借。三卷《言部》"谓,报也",十卷《㚔(niè,音聂)部》:"報,当罪人也",则以法处罪为报。而《广雅·释诂》:"对,治也。"治指治狱。《汉书·刘向传》:"诣狱置对。"对皆谓字之借。再者,报是报复("报"、"复"为一语之转)。从

"当罪人"说,就是以其应受之罚,还报其人所犯之罪的意思。如果从善意方面说,则酬答、复命也是"报复"。在先秦文献中,如"将谓君何"(《左传·成公二年》)、"其谓君何"(《左传·成公十七年》)的谓皆指复命;"谓诸侯何"(《左传·僖公二十八年》)的谓则指酬答。凡此数谓字的用法都相当于现在的对字。

总之,对字绝非汉文帝所造,其义与"膺无方"无涉;"相对"、"敌对"之义则皆"谓"字之借。许慎为吹捧汉文帝而强作曲解,纯属唯心之论。

许慎对汉家王朝多所禁忌,甚至因此而违背对科学的忠诚的态度,如因讳国姓而改"劅"为"鐕",尤不敢以劉训杀(劉字已见今文《尚书》,可见西汉时并未讳避),致使"籔"、"瀏"等字失其所从。这正是由于他受到封建政治的局限。

许慎对于"秃"字的说解也反映了他的这一局限。

> 八卷《秃部》:秃 无发也。从人,上象禾粟之形,取其声。……王育说:"苍颉出,见秃人伏禾中,因以制字。"未知其审。

许慎既用"无发"解释秃字,又说"象禾粟之形",而不能自圆其说,不得不引用王育的妄诞之说,可是他自己也觉得难以凭信,故曰"未知其审"。

其实"秃"即"秀"之异体。从秀得声的字有"透",今北京方言犹称秃顶为"xiù 顶",可证秃、秀二字本同音,可证"秀"古可读"他谷切"。《玉篇》秀字下重文有"秃"字,《集韵》、

《类篇》也皆从《玉篇》以"禿"为秀字的异体。但"秀"是东汉开国皇帝之名,许慎于秀字既不敢说其形义而注曰"上讳",则于禿字更不敢列为秀字之异体。

其实,"不荣而实谓之秀",已见《诗毛传》和《尔雅·释草》。七卷《禾部》"稼"字下,说"禾之秀实为稼,茎节为禾"。又"采(穗),禾成秀也"。可知"秀"字从禾,乃象稼穗之形,是一个合体象形字。禿下的八则儿的笔势之变。

至于无发名禿,则是童字的声借。前文已经说过,因罪而被剃发者叫童。引申之牛之无角者叫"童牛",羊之无角者叫"童羖",山无草木的叫"童山",现代汉语则称之为"禿头"或"禿山",意思是一样的。所以说"童"是无发的本字,而"禿"是借字。古籍中早已借禿为童,习之既久,而禿字之本义遂泯。许慎由于受到历史和阶级的局限,既不可能认识"禿"就是"秀"字的笔势之变,也不可能认识"禿"和"童"字的关系,所以才对禿字作了如此荒诞而又含混的解释。

二、科学水平的局限

《说文解字》在科学性方面的局限性也是显而易见的。《说文》的语言资料,取自周秦文献。所收的文字,不过是晚周、秦皇以来迄于汉世字体的综汇。当时,甲骨契文尚未出土,鼎彝铭识,世间希见。由于见闻所限,遗漏和谬误之处自不能免。例如:

三卷《爪部》：羈（为）　母猴也。其为禽好爪。爪，母猴象也。下腹为母猴形。王育曰："爪，象形也。"𤔲古文为。象两母猴相对形。

许慎把"为"字解为大猴子（马猴、母猴、沐猴皆一声之转），而对形体的分析，错乱谬误，实人所难理解。为字卜辞作𤓵（见《殷虚书契后编》下卷），古金文作"𤔲"（毂女匜）"𤓸"（召鼎）等形。说者谓："从爪，从象。意古者役象以助劳。其事或在服牛乘马以前。"（见《金文编》引罗振玉说）据《韩非子·解老》说："人希见生象也，而得死象之骨。案其图而想其生也，故诸人之所以意想者皆谓之象也。"由此可证战国时中原象已绝迹，同时也足证西周前象产于河南，故尚得见死象之骨。研究古文字者根据甲骨文字及古金文的"为"字，证明殷商时代河南区域为产象之地，并且殷人能够服象、役象进行生产，《吕氏春秋·古乐》："商人服象，为虐于东夷。"殷为周所灭之后，殷民有驱其服象迁于江南者。秦始皇时，象则繁殖在五岭以南的"陆梁地"。《史记·秦始皇本纪》："略取陆梁地，为桂林、象郡、南海。"其中象郡可能就以产象而得名。许慎生活在中原地区，没有见过象，也没有见过甲骨金文的"象"字，仅据小篆为字之形体加以解说，所以作出了如此谬误的说解。至于《说文》以𤔲为"为"字之古文，也是因为字形已有嬗变。据列国时楚盟字客鼎为字作𤔲、作𤔲，显然是𤔲之省文，这自然也是许慎不可能掌握的材料。又如：

七卷《有部》：𣎆（有）　不宜有也。《春秋传》曰："日有食之。"从月，又声。

钱大昕说："汉儒说《春秋》，以为有者不宜有也"，"日有食之，月食之也。不言月食而言有食之者，扶阳抑阴之义，亦见其不宜有也（此即张衡所说"月食地影"之意）。"章炳麟先生批判了许慎的说解，谓"说《春秋》虽可尔，说字则不可通"。近代研究古文字者据"𢆯"（毛公鼎）、"𢆯"（令鼎）诸形，谓有字系从又持肉之象（清王筠已经说过"有字从又从肉会意"，见《说文释例》）。《广雅·释诂》："有，取也。"以又取肉谓之有，因以为有无之有。许慎未辨从肉（甲文作𠂒、𠕎，金文作𠕎、𠕎）与从月（甲文作𠂔、作𠂔、作𠂔，金文作𠂔）之别，而误以从肉为从月，致有此误。

三、归纳方法的缺陷

《说文》的"重文"是许慎归纳汉字的一项重要条则。这项条则给后来对"异体字"的研究提供了范例，并且对今天研究字形的变化、声音的通转和语源的推寻等，都提供了很重要的线索和方法。有的重文是属于声韵发生变化者，如八卷《裘部》"求"与"裘"、十一卷《仌部》"冰"与"凝"为重文，而"求"、"裘"在《诗经》里已不同韵（裘在咍韵，求入萧韵），"冰"、"凝"在《广韵》里已不双声（冰，笔陵切；凝，鱼陵切），后世遂以为两字。可是求、裘由双声而异韵，冰、凝由叠韵而异声，这些材料，正有助于我们去掌握声音通转的规律。有的重文是由同一语源而发展的重复字,这类重文都是互相训释的,如四卷《乌部》"𪇹"(què,音鹊)与"䧿"为重文,而𪇹字训䧿。又如三卷《𢆷部》𢆷下云:"古文亦鬲字",而"鬲"、"瓹"、"歷"为重文,是知𢆷(lì,音力)也是鬲、瓹、歷的重文,故𢆷下训"歷也"。这类重文都是从同一语源而发展的重复字。因此《周礼·大宗伯》故书祀作禩,汉杜子春"读禩为祀"(汉人所谓"读"就是训释),于是许慎以禩为祀的重文。这是由音义考其语源而定为重文之例。以上三项条例,对于研究重文来说,可以说是比较好的方法。但许慎有时强调五百四十分部法的作用,为同部所蔽,有许多应列为重文而误分为数字者。清王筠作《异部重文》一文(载于《说文释例》卷七),就是用许慎的方法补置重文,又归纳了六百四十三字,定正篆为四百零二字,重文二百四十一。他的朋友许瀚又补充了若干字为重文(附《异部重文》篇后)。这两篇文章不仅是补充遗漏,而且对研究语言的发展、字形的变化也提供了方向。晚近章、黄两先生用"孳乳"、"变易"为文字语言发展的大例,其中"变易"的条例更扩充了《异部重文》之说,从而对许书的谬误也进行了纠正。

许书所列重文是很不完全的。有的重文却被列为正篆。例如:

一卷《一部》:页(天) 颠也。至高无上,从一大。

天与颠是同字,是一语的变易。以颠训天,和以䧿训𪇹、以歷释𢆷是一样的,和小徐本中以讹训尙、以躍训趯也是一样的,

也是重文互相训释之例。章炳麟先生引《周易·睽卦》"其人
天且劓"的天字进行了论证。他说,马融以为黥凿其额名天,
故"天即颠尔。……去耳曰耳(ěr,音耳),去鼻曰劓(yì,音
义),去而曰耏(nài,音耐),去涿曰𣃟(zhuó,音浊),皆从其声
类造文。去𩅶直曰𩅶,凿颠直曰颠,不造它文,直由本义引而
申之。"《汉书·刑法志》:"秦刑有凿颠。""凿颠"就是《山海
经》所说的"刑天"。由天、颠同字来看,最古时就是称人首为
天的,故天字从大,大即人,一为指事,标志人体的最高端。
故铭文作"大"(毛公鼎)、"天"(颂鼎)、"天"(齐侯壶),卜辞作
"大"、"天"、"乔",字形中的"·"、"一"、"口"、"二"都是指事
符号,用以标志人体的头顶部分。人以头顶为最高,而大字
中则以苍苍者为最高,所以天字可以表示头顶,也可以表示
天地的天。"天"、"颠"声转而有"顶"(《诗经》天字又与平字
谐韵)、"题",义无大殊,也应该是"天"的变易字。则"天"、
"颠"、"顶"、"题"也应列为重文。又如:

　　七卷《冖部》:冖(冖)　　覆也。从一下垂也。

　　七卷《冃部》:冃(冃)　　重覆也。从冂一。读若草
苺苺。

　　七卷《冃部》:冃(冃)　　小儿蛮夷头衣也。从冂。
二,其饰也。

　　三字应为同字,都是头衣(帽子)。并应再补上一个古
文,即"冃"(见"冒"下)。《广韵》:"冖,莫狄切";"冃,莫保
切";"冃,莫报切"。此三字皆同声纽,本为一音之通转。冠

字从冖,为鬓发的头衣。冃读若每,而“緐”、“纛”以每为帽,实即冃字。十三卷《糸部》:“緐(fán,音凡),马髦饰也。”或体作“䋣”,从𢍏(biàn,音弁)。𢍏,籀文弁字。可见从每与从弁用意相同,马的髦饰恰如人的发饰,所以緐字“每”为冃。《尔雅·释言》:“翢(dào,音到),纛也。”又:“纛,翳也。”翢或纛就是汉代所谓葆幢,汉以犛牛尾为之,在乘舆左騑马头上。是则纛与緐为同物。

此外,许书中也有两字声音相同但实非一字而许慎误列为重文者。例如:

> 八卷《欠部》:(次) 不前不精也。从欠,二声。
>  古文次。

次为比次之次,亦为次第之次。凡次,在空间上不是前列,故曰不前;质量上,不是最好的,故曰不精。(七卷《米部》“精”字说解依段玉裁说应作“择米也”。《庄子·人间世》:“鼓筴播精。”司马彪注:“简米曰精。”可见精有选拔最优者之义,即所谓精益求精者。)总之,次训不前不精都说的是处于第二位以下,故其字从二声,亦兼二义。引申为编次之次。《周礼》说女子元服(头上的装饰)有“副”、“编”、“次”等名。其中之“次”九卷《髟部》作“𩬊”,谓“用梳比也”。而《周礼》直作次字。又如用竹蔑编成的席为“笫”。五卷《竹部》训箦,《毛传》训积,皆指编次、比次为之。而《士丧礼》“古文笫为茨”。又以训草棚子的茨代替编次为席的笫。至于古文“”字则象帷幕帐篷之形,乃《周礼·天官》“掌次”的“次”字。郑注:

"次谓幄也。"疏:"次者谓以缯为帷帐。"《掌次》云:"师田则张幕设重帘重案。""𦏽"字正是这种设重帘的帷幕的形象。《左传·庄公三年》:"一宿为舍,再宿为信,过信为次。"《穀梁传·庄公三年》:"次,止也",则次与舍同义,郑玄《周礼注》:"舍,行所解止之处。"解止亦作解舍。《吴子·治兵篇》:"马疲人倦而不解舍。"解舍即道上的休息所,是临时搭的帐篷用作休息的地方。

其后,简陋的屋子叫"茨(cì,音次)"。一卷《艸部》:"茨,以茅盖屋也。"就是以茅艸作屋顶的草棚子。六卷《木部》:"栈,棚也。"栈与𦏽、茨亦双声。

总之,𦏽为野外住所,次为比次,字义上是有区别的。惟声音毕同,古书中往往互相通借。许慎的《说文解字》既是因形以说其音义来训释文字的专书,则"次"与𦏽应分为两文。许慎并为重文,也是错误的。

四、编排体制的紊乱

许慎自称《说文解字》的编制"分别部居,不相杂厕"。北齐颜之推对这一点十分推崇,在《颜氏家训·书证篇》说过:"大抵服其书隐括有条例,剖析穷根源。"又说:"许慎检以六文(六书),贯以部分,使不得误,误则觉之。"在两千年前许慎创建了第一部汉民族有体系的字典,发明用偏旁归纳汉字的方法,为后来编制汉字字典开辟了道路,这是许慎的最大贡献。但也要看到这部书编制不够精密,体制不很谨严。

第一,关于部首

《说文解字》建立五百四十部,每部以一文为部首。段玉裁说:"分别其部为五百四十,每部各建一首。而同首者,则曰凡某之属皆从某。于是形立而音义明。凡字必有所属之首,五百四十字可以统释天下古今之字。此前古未有之书,许君之所独创。"如段所说,许慎是选字五百四十个字作部首,把从其形、义的字列入部内,所以说"凡某之属皆从某"。许慎用五百四十个字为部首,但并不是五百四十个不同的字。例如,"𠘧"(人)与"𠗊"(儿)乃一字的异体,而分成两个部首,把"𠈃"(保)、"𠛬"(刏)、"𠈝"(仕)等属人部,而"𠒅"(兀)、"𠒇"(兒)、"𠓋"(允)等字入儿部。"𡗕"是古文大字,"𠁓"是籀文大字,而分两部。于是"𡗝"(奎)、"𡗻"(夹)、"𡘲"(奄)等字从大入大部,而"𠁕"(奕)、"𠁜"(奘)、"𠁝"(臭)等字从介入介部。如是,则许慎的分部方法是依照字形的笔画结构去分部,而不以文字的异同来分部,所以把一个字的异体分化为几部,并把它作为分析其它字形的标准,从而分别字形之所以归部。许慎制定这样一个分部的条例,是可以的。但是《说文解字》中五百四十部的分法,并没有严格地贯彻这个条例。例如,"𡙹"籀文作"𡚃"。部内的"𡞞"、"𡞥"从𡙹,"𡟰""𡠅"从𡚃。如依人与儿、大与介之例,则"𡙹"、"𡚃"应分成两部,今只立𡙹为部首,而把籀文及从籀文之形者混为一部。又如"𠫓"(𠫓)古文作"𠫔"。部内的"𣅀"(育)从𠫓,

"疏"(疏)从充。今只以"去"为部首,不另立充部。以上两例说明许慎的分部体例不够严谨,没有彻底贯彻"据形系联"的原则。

其次,《说文解字》的部首,大多数都具有形、音、义的说解。这说明许慎是采取文字作部首的。但有时也值得怀疑。如许立"丶"部,说解曰:"有所绝止,丶而识之也。"依许说,则"丶"是古句逗的标点符号,并不是语言符号。而且部内的"主"、"杏"皆与句逗无关,更与"丶"没有任何形、义上的联系。就以"主"字而言,五卷《丶部》:"主,镫中火主也。"徐锴说:"即脂烛也。古初以人执烛,后易之以镫,兰膏明烛华镫。今人作炷。"据徐锴说,古先有烛而后有镫,而主即烛字。十卷《火部》烛训庭燎,其实烛不限于庭燎。据文献上的记载,古用蒸为烛。《管子·弟子职》:"蒸间容蒸,燃者处下。"郑玄谓"烛用蒸"(见《仪礼·既夕礼》注)。一卷《艸部》:"蒸,析麻中榦也。""麻中榦"即今所谓"麻秸秆"。古代析麻茎的中榦用兰膏注之以为烛,故燃烛就是燃麻蒸(见十卷《火部》"熜(zǒng,音总)"下说解)。用麻蒸者乃取其直立,盖直草莫如麻,古人秉烛必须直立,至于庭燎大烛更应直立于庭。故作为古烛字之"主"亦兼直立之义。"主"字沿此线索派生有"柱"字,六卷《木部》训"楹",为直立之木。又"蒸"古音同"登",后易之以"镫",然则灯亦蒸之语转,而"主"与"蒸"、"镫"亦双声通转。是"主"字为纯象形字,不能分割。而许慎把"主"的形象分割出来"丶"作为部首字,又不能说其形音义,故用标点符号解释之,其谬误是很明显的。这类的例子还很多。例如,以"亻"为部首字,训为"右戾",部末又收"丿",训为"左戾",很显然是有意分割"乂"(刈)字成为两个形体,也不能认为是文字。

第二,关于次第

次第分两则:一是部首排列的次第,所谓始一终亥的排列法;一是部内所收文字的次第,即"据形系联"的排列法。

《说文》的部首排列次第,并无严密的体例,先后次第也比较紊乱,既不按笔画的多寡,又不以形体相近为次。如一卷上的"一"、"丄"、"示"、"三"、"王"、"玉"、"珏"好象是以形相似为序,但二卷下的"齿"、"牙"相次,则又以词义相近为序。然四卷下"茻"之后次以"幺"(幺),"予"(予)之后次以"放"(放),则形既不近似,义也毫无关联。徐锴曾作《部叙》,想说明部首次第的意义;段玉裁也想把部序作出说明,但他们终于找不出部首排列的前后之间的关联。

至于部内列字的次第,黄侃先生说:"许书列字之次第,大氐先名后事。如《玉部》,自璙以下,皆玉器也;自璧以下,皆玉名也;自瑳以下,皆玉事也;自瑀以下,皆附于玉者也;殿之以灵,用玉者也。其中又或以声音为次,如《示部》'禛'、'祯'、'祗'、'禔'相近;'祉'、'福'、'祐'、'祺'相近;'祭'、'祀'、'祡'相近;'祝'、'褶'相近。又或以义同异为次,如'祈'、'祷'同训求,则最近;'祸'训害,'祟'训祸,训相联,则最相近。大氐次字之法,不外此之者矣。"今翻检许书,有很多并不符合黄说,如《阜部》的山名、地名,则杂厕在中间,并非先名后事;如《人部》"僮"、"保"、"仁"、"企"等相次,既非以义的同异为序,又非声音相近,绝无线索可求。

总之,许书的"部序"和部内收字的次第都杂乱无章,并无严密的体例。"寻求一字,往往终卷",使后人翻检起来非常困难。

第三,关于编字

许慎把收集的文字九千三百五十三和重文一千一百六十三字,取其中五百四十个字作为部首,把其余的九千九百七十六个字和重文编收在五百四十部里。当然每部的字数不会平衡的,多者至四百以上,如《水部》共收文四百六十八,重三十九;《艸部》文四百四十五,重三十一;《木部》文四百二十一,重三十九。少者部内仅收一字,如《气部》、《告部》、《爻部》等等。也有只有部首字,而部内未收一字者,如《久部》、《录部》、《克部》、《才部》、《凵部》等等,下面也说"凡某之属皆从某",不过是一句空话,许慎不过是因为这些形体无所附丽,于是把它们算作部首罢了。

至于某字应入某部,也出现错乱的情形。例如,许书的体例是把形声字的"形"作偏旁,且以偏旁分部。如"剞",从刀,辡声,《说文解字》列在刀部;"瓣",从瓜,辡声,列在瓜部。依此为例,"辩"字从言,辡声,应入言部,但今入辡部。又如从句声的"苟"入艸部,"鸲"(qú,音渠)入鸟部,"朐(亦音qú)"入肉部,"枸(jǔ,音举)"入木部,"鄈(qú,音渠)"入邑部,"昫(xū,音虚)"入日部,"佝(kòu,音扣)"入人部,"耇(gòu,音够)"入老部,"驹"入马部,"狗"入犬部,等等,皆符

合依偏旁分部之例。但"拘"从手,句声,却不入手部;"笱
(gǒu,音够)"从竹,句声,并不入竹部;"鉤"从金,句声,也不
入金部(三字都入句部)。这种编字紊乱的现象很多,决非传
写的讹误,而是许慎自乱其例。

许慎处于我国语言文字学的草创时代,又受到阶级的局
限,所以《说文解字》一书存在着以上所举的各种错误和缺
漏,这是难以避免的。我们对于《说文解字》,既要看到它的
伟大成就,也要看到它的重大缺点,这样,才能够正确地利用
这部著作,为研究我国的语言文字的科学作出进一步的贡献。

后　记

　　长期以来,我深感我国对于汉语语言学的研究,还仅仅处于初步阶段,其中还有许多未知的领域需要我们去探讨。今后,只有付出艰苦的努力,进行大量的工作,作出更好的成绩,才能适应时代的要求,使汉语这个交流思想的工具,为我们的社会主义事业服务。在这方面,《说文解字》这部书,实在是沟通古今汉语的阶梯。因此,怎样研究这部书,也就成了我们必须解决的课题。

　　但是,在"四人帮"法西斯专政的重压下,《说文解字》既被列为尊儒反法的典型著作,只能作为批判的对象,哪里还谈得上研究! 那时,我每想到我们语言工作者的责任,只有愤怒与叹息而已。反党反人民的恶棍是不会有好下场的,"四人帮"被粉碎了。在党中央的领导下,我国各条战线形势喜人。于是很多故旧都来鼓励我写一本介绍《说文解字》的著作,特别是马建民、白寿彝两同志敦促更力。我自己也觉得有责任把这些年学习《说文解字》的一点心得公诸研究语文的同志,作为自己对社会主义伟大事业的微末贡献,所以写出了这样一本《说文解字通论》。限于自己的学识,其中一定有不少缺点和错误,尚希同志们给以批评指正。

在这本书的写作过程中,承郭崇元同志、许嘉璐同志多方协助,有一些地方采用了他们的意见,在此一并致谢。

作　者
一九七八年九月

附录一　基础与专攻

——从黄侃师学习《说文解字》的体会

我早年认识近代国学大师黄侃(季刚)先生,深深钦佩他在民主革命中的勇气与志向,仰慕他的才华与学识。从一九二六年起,我便决心跟随他学习"小学"(也就是文字训诂学)。

季刚先生教我读的第一部文字训诂专书就是《说文解字》。他对我说,《说文》是文字训诂的基础,攻"小学",由《说文》起步最为便捷。要我集中精力,学通,学透。然后再读古代文献的注疏和其他文字训诂专书,便可触类旁通,一隅而三。

但是,当我步入这个"便捷"之途时,很快就发现学习《说文解字》并不轻松。尽管《说文》只有五百四十部,九千三百五十三个正篆加上一千一百六十三个重文,少于后来的《康熙字典》五六倍,每字下的形音义说解又简到不能再简;但是,其中的文字、音韵、训诂材料十分丰富而系统。把《说文》当成一般的字典查查固然容易,要想运用它来辨文字、集声韵、通训诂却是一件十分艰巨的工作。

季刚先生让我先拿出段玉裁的《说文解字注》连读三遍,然后抛开段注光读《说文解字》白文。读完了段注,白文似乎没什么可读的了,其实不然,《说文》的基本功都在白文里。首先,我把《说文》里正篆本字下未出现的旁见材料都集中起来,抄在正篆本字下面。例如,"慶"字下说:"吉礼以鹿皮为贽,故从鹿省",这一条抄在"鹿"字下面。"賔"字下说:"此古货字",这一条抄在"货"字下面。而"賔"与"货"既是异体字,则"为"与"化"便是同音,所以,还要同时抄在"为"和"化"字下。"頮"字下说:"读若翩",这条抄在"翩"字下。"獱"是"猵"的重文,也就是说"宾"与"扁"做过一对异体字的声符,它们的读音也应相同或相近,于是又把这一条分别抄在"宾"与"扁"字下面……类似这种旁见材料,大约有十多种、一万一千多条,等全部作完,已经翻烂了好几部线装《说文》。这还不算完,还要把《说文》中全部的形声字归纳到每个声符下面,并且把每个声符按声和韵填到古韵表里。同时,把说解里和正篆音近义通的字挑出来。比如,"天,颠也,至高无上,从一大。""天"是正篆,"颠"、"至"、"上"都与"天"或双声韵近,或叠韵声近,或完全同音,而意义又相通;所以,全都圈出来。等这些工作都作完,我已经把《说文》又通读了几遍。

说实在的,拿着一部《说文》翻来翻去,整天面对那九千来条材料,写些重复的字,做这些烦琐的工作,开始时真感到枯燥无比。但是,渐渐地,我不但弄熟了《说文》的部首、编排,而且完全明白了自己所作工作的意义。我理解了文字的形音义都是有系统的,散见在《说文》中各处的材料都是统一的,只有把它们集中起来,才能在纷繁之中见其头绪,并从不同的角度解决文字训诂的问题。我不但懂得了《说文》的体例,而且了解了许慎体现在《说文》里的文字理论,更重要的是,我明确了传统语言学形音义统一的基本方法,谋求到治文字训诂学的主要途径,有了一种豁然开朗的感觉。我以为自己在《说文》上下的功夫够多够大了,其实,季刚先生在《说文解字》上作的工作比他教我作的还要琐细。我曾亲眼看见他把说解字中不见于正篆的字全挑了出来。开始时我不理解为什么要这样做。后来,我在《说文解字注》里发现段玉裁把不见正篆的说解字全都改掉,因为这个,造成了段注的不少失误。我才明白,季刚先生挑出不见正篆的说解字,是为了把古籍小篆与汉代当时的文字进行对比,他承认文字的发展,承认前代小学家所谓的"俗字"。这使他的文字训诂工作少犯很多错误。由此我便渐渐懂得,任何高深的专门学问都要从看来是最拙笨的工作开始。每一项枯燥烦琐的工作背后,都隐藏着一片学术的新天地。唯有从最基础的工作作起,才能深入到自己所学的领域中去。从此,我对季刚先生的指点便更为信服。

《说文》弄熟后,我又读了不少小学专书,同时留意运用这些专书去解决古代文献阅读中的问题。季刚先生在处理精与博的关系上也给我很大的启发。他熟读九经三史,诸子百家多有精研,诗词歌赋出口成诵。唯其博,他便能吸收更多的营养而达到精深的高度;唯其精,他才能将芜杂的材料挑选整理、去粗取精,做到博而不乱。但是,他的博,也是从一两部文献开始的。我在他的指导下,精读了《毛诗》、《左传》、三《礼》和《周易》，而且读书量日益增多。掌握了更多的古代的活语言，又熟悉了古代的训诂材料，再来体会《说文》，便觉得一切都活起来。随着很多疑难问题的逐步解决，我对《说文解字》的理解就更深入。我不但能熟练地讲解它、自如地运用它，还能够评论它、甚至纠正它了。

《说文解字》是我学习文字训诂学的起点，几十年来，我在文字训诂这个领域里经历更多，涉猎更广，但是在完成每个新课题之后，又常常还是回到《说文解字》上来。十年内乱期间，由于业务荒疏，连自己最熟的《说文解字》都忘却不少，使我很感惶恐。但是，近几年，我又拣起了这部《说文》，作为自己教学和科研的工具书之一。近六十年来我常读《说文》，至今仍然不断有新的体会。例如，前些天我读到八上《壬部》"壬"下说："壬，微幸也。"发现"壬"与"幸"的关系。便由此想到从"壬"的"茎"、"颈"、"胫"等，都是直立的，是动植物体上的支柱，而"幸"也有直的意思，与"幸"相通的"吉"也有直义。"幸福"的"幸"取义于直，而"凶夭"的"夭"却是"歪"的古字，所以它们是反义词。"壬，微幸也"这条旁见的说解，帮助我把一系列训诂进一步沟通。如"緈"训直，读若陉。《离骚》中"緈直"。《广韵》"緈，絓緈"。而从吉声之字："桔"训直木，"頡"训直项以及"佶"训正，都清楚了。所以我很推崇"温故而知新"这句话，很多有学术价值的书，都是常读常有所感、常用常能出新的。我至今还在其他工作之余常读《说文》。今天的平装报纸本书比线装书结实多了，可前不久，又被我读烂了一本平装《说文》呢。

　　我以学习《说文解字》为例,并不是说攻文字训诂学只有一本《说文》就够了。更不是说任何问题通过《说文》都能解决。我只是想通过这件事向中青年的同行们谈谈自己的一点体会:专攻要从基础开始。任何书,下了苦功夫,才能自如地运用它。而只有不断运用它,才能更为精通它。并且,学习是无止境的,要活到老,学到老。

　　今天的时代与我初学《说文》的时代已大不一样了。可以说,各方面都发生了天翻地覆的变化。在文字训诂学上,科学的理论和科学的方法也已有了很大的进展。但是,在这个继往开来的新时代里,我们民族的文化遗产仍有待继承,文化教育更需加速发展。文字训诂学不但需要提高,更需普及和广泛应用。在我们这一个学术领域里,下点苦功夫打好基础,是绝对必要的。

〔附〕我与《说文》(节录)

　　钻研《说文》白文,季刚先生教给我的方法是利用全书进行形、音、义的综合系联。为什么要进行这种系联?因为《说文》凝聚了中国传统文化的宝藏,又是中国传统语言文字学史上第一部分析字形、说解字义、辨认音读的字典,是小学书的"主中之主"(季刚先生语),值得我们花一番功夫去精细地研究。《说文》在编纂时已有明确的、比较成熟的形、音、义相结合的理论作指导,非常注重形、音、义的系统。这种系统不但表现于每个字、词的说解都分形、音、义三部分,更重要的是书中的绝大部分字、词都包含在形、音、义的系统中。《说文》的编排是"以形为主,经之以五百四十部,以义纬之,又音纬之"(段玉裁语),这种"以形为主"的编排固然有助于人们理解汉语字、词形音义的联系,但也在很大程度上掩盖了形音义的系统。我们在学习《说文》时只有把每个字的形、音、义拆开,同时又从《说文》全书的整体上按照相应的系统来重新组合、编排这些拆开了的每个字的形、音、义,这样才能重现形的系统、音的系统、义的系统,以及这三个系统的综合与穿插。而从每一系统以及系统之间的综合上来认识一个字,才能认识得全面、深刻。

利用《说文》全书进行形、音、义的综合系联,具体做法是:把书里关于某个字的散见在各处的形、音、义材料都集中在这个字头儿上。例如,五上《工部》"巨"下说:"矢者其中正也。"五下《矢部》"短"下说:"有所长短,以矢为正。"三下《攴部》:"政,正也。"八上《人部》:"佶,正也。"这几条都要抄在"正"字头儿上。而二下《正部》:"正,是也。"二下《是部》:"是,直也。"十二下《乚部》:"直,正见也。"则"是"、"直"也要抄在"正"字头儿上。这是有关"正"的意义的材料。把这一类材料集中起来,就可显现出某个意义系统,发现其中的核心、层次及联系的环节。还有关于字形的材料。例如八上《尸部》:"尸,陈也,象卧之形。""居"下:"从尸,古者居。""屋"下:"尸,所主也,一曰,尸象屋形。"这些"尸"的字形有无联系,有何区别? 把这些材料汇集起来比较,就可发现有关的构形系统和它们的表义功能。还有读音的材料,例如十一下《鱼部》"鱣"又作"鲸",知"畺""京"一音,这条则要分别抄在"畺"、"京"二字下。三下《攴部》"敊读若杜",又需要"敊"抄在"杜"下。此外,还需把全部形声字归纳到所属的声符下面,并把每个声符字接声和韵填到古韵表里。从这些读音材料中,就可归纳出《说文》的声音系统。

(《陆宗达语言学论文集》,北京师范大学
出版社,一九九五年)

附录二　我的学、教与研究工作生涯

陆宗达 口述　　王　宁 笔录并整理

　　我的祖籍是浙江省慈溪县,但从我祖父那代起,便世居北京。一九〇五年,我就是出生在当时的皇城北京的。

　　一九〇五年是光绪三十一年,那是一个封建皇朝已近崩溃,旧中国走上半封建半殖民地的时代。在这个古怪的时代。新与旧交替,新与旧斗争,新与旧又并存。我小时候受的就是那种说新不旧、半新半旧的教育。我六岁时,伯父的干亲杨家成立学馆,请老师教他的养子读书,我便去附学。老师姓王,上午教三本小书(《三字经》、《百家姓》、《千字文》)、四部大书(《大学》、《中庸》、《论语》、《孟子》),下午讲报,用当时宣传革新的《启蒙画报》作教材,主要讲每日时事。所以那时我脑子里是子曰诗云、武训办学、辛亥革命兼而有之的。好在当时的革新并不彻底反封建,这些东西在我脑子里还都能和平共处。我的启蒙老师是个很忠于职守又讲究文人气节的人,对我的童年有很深的影响。到我九岁时,杨家辞退了老师,我也就离开了学馆。

　　一九一四年,我投考当时的新学校师大附小,考的是二年级,学校特准我上三年级。那时初小四年、高小两年,我读到五年级,便在一位张老师的支持下,提前一年考入了四中。

四中最早叫顺天中学,我去的时候已改称国立四中,招住校生,开德文课。主课有国文、数学,第三年还开设了物理、化学、生物。难得的是当时已开设了体育课,练棍棒和打篮球吸引了我们这些好动的青少年。在四中,我接受了民主思想的影响。入学的第二年,发生了"五四"运动,我参加了街头宣传,在护国寺演讲的时候曾被捕过,关到当时的北大三院,但当局并没重视我们这帮"不更事的娃娃",不久就把我们放出来了。从此,政府加强了思想控制,而我们也增强了思想抵制,新思想的潮流涌进学校,封建意识再也束缚不住学生了。

我在中学学习时,最爱好的是数学,很多老师解不出的难题,我都能解出来,所以,中学毕业后,我很想报考数学系,可是因为我学的是德文,而当时只有学英语才能考理学院,于是,我便在一九二二年考上北京大学国文系预科,不久升入本科。北大的课分三个专业:文学专业、语言专业和文献专业,我选的课以语言专业为主。有钱玄同先生的音韵学、马裕藻先生的古韵学、沈兼士先生的文字学等;同时也选了一部分文学课,印象最深的有两门:一是刘毓盘先生的词学,分词律、词选和专家词三部分,还要求选课的人每两周交一篇自填的词。刘先生对我的词很赏识,一九二七年,我去了东北,听说刘先生还问起我:"陆宗达怎么好久不见,他填的词我一读就认得出来!"另一门是黄节先生的汉魏六朝诗。"九一八"事变前夕,黄先生赠了我一幅对子:

海棠如醉　又是黄昏　更能消几番风雨

辽鹤归来　都无人管　最可惜一片江山

颖民学弟属书楹帖集宋人词句　甲戌中秋前十日黄节书于北平

黄先生的课，他的字，以及他的忧国之心，当时都使我十分钦佩。

一九二六年，我通过吴检斋先生认识了黄侃（季刚）先生，为他的学问和治学方法所倾倒，当即去他家拜师。从此，我的生活和学习便发生了很大的变化。我入北大后，受同宿舍同学胡廷芳（曲园）、王兰生的影响，秘密参加了共产党，当时党内执行的是瞿秋白同志的路线，我也经过很多飞行集会的考验。党内跟我单线联系的是当时北大党总支书记彭树群，他是一个大无畏的共产主义战士。一九二七年十月，他被捕后在天桥被杀害了。他一死，我的关系就断了，反动政府又不断追捕共产党员，于是，季刚先生便提议要我跟他一起去东北。一九二七年冬天起，我便亲随季刚先生到了沈阳。一九二八年，季刚先生到了南京，我随后也去了，和季刚先生的侄子黄焯一同住在教习房。在此期间我路过上海，两次亲见章太炎先生，得到他的指导。在南京，我跟季刚先生学习以《说文解字》为中心的文学音韵训诂学，深深体会了治学之苦。我在东北，就跟着季刚先生作了整半年的《集韵》表，夜以继日地伏案填格子，一百来天过了音韵关。这时，季刚先生开始要我治《说文》。他的办法很独到：首先要连点三部段注，他对我说："一不要求全点对，二不要求都读懂，三不要求全记住。"头一部规定两个月时间。点完了，他看也不看,也不回答问题,搁在一边,让我再买一部来点。这样三遍下来,有些开始不懂的问题自然而然懂了。之后,我又开始看大徐本白文《说文解字》。季刚先生教我的方法是利用全书进行形音义的综合系联,就是把书里有关一个字的散见在各处的形音义材料都集中在这个字头儿上。这种系联工作工程相当大,需要高度集中注意力,还需要对《说文》十分熟。不过,这项工作作下来,我对《说文解字》的理解似乎发生了质变,几十年来,我解决古代文献的许多疑难问题,总离不了用《说文》作桥梁。在南京的一段时间,我随季刚先生学习经史子集,同时在诗词歌赋上也受到他很多熏陶。季刚先生是一个性格浪漫的人,但在读书上却是一个难得的苦行家。每天白天,他让我陪着他遍览南京的名胜古迹,午晚饭时边吃边论学,晚上燃灯畅谈,夜阑方休,之后我回教习房去休息,第二天一早我回到他那儿,他的桌上已经又有了几卷书,全都密密麻麻批点过了。他督促我们读书也很严格,《说文》之外,让我点《文选》、十三经和诸子,限期极短,记得有一次让我点《盐铁论》,只给了我两天的时间。他必得等我点完了,才拿出自己点校注过的书来,让我过录。他一定要我读过了书,并且有了自己的看法后才谈他的看法,时机不成熟时,你问他,他也不开口。我常说,如果自己在学术上还有些造诣的话,多为季刚先生所赐;如果自己在后来的教学中也还有些方法的话,就更是得季刚先生的身教了。

一九二八年秋天,因为通知我回北京的电报转递耽延,我无法赶到北京去参加北大国文系的毕业考试,满以为拿不到毕业文凭了。不料到了九月，北大忽然贴出一张布告，说是凡本届毕业生，不再考试，一律发给毕业证书。于是，我便于当年正式毕业。不久，北大国文系主任马裕藻先生聘请我到北大任教，教预科的国文课，一九三〇年，我还兼任了国学门研究所的编辑。当编辑期间，我做了两件事：一件是接替戴明扬编写《一切经音义》的索引，另一件是整理王念孙的《韵谱》与《合韵谱》遗稿。这部遗稿是罗振玉刻《高邮王氏遗书》未采用的，被北大买到。我发现，王氏在《合韵谱》中分古韵为二十二部，将"东"、"冬"分立，对他自己的古韵学又有发展。于是我在罗常培（莘田）先生的支持下，承担了整理任务。一九三二年，我写了《王石臞先生韵谱合韵谱稿后跋》。一九三五年，又写了《王石臞先生韵谱合韵谱稿后记》。现在，王念孙古韵学晚年分二十二部的结论，已被语言学界接受。这部书，莘田先生本要印出，因为抗日战争的爆发，便搁下了，至今整理稿还留在北大图书馆善本室。

　　一九三一年，大学取消预科，我仍在北大本科开课，除自己开设训诂学外，还跟罗庸先生讲汉魏六朝诗。一九三二年，上海十九路军抗战，季刚先生在这年阴历除夕到了北京。他一来，吴检斋先生就请他在中国大学讲课。同时，我给他组织了兴艺社，每周讲一次《易经》，坚持了半年。阴历五月，季刚先生始回南京。从一九三一年起，我先后被聘请为辅仁大学、冯庸大学（"九一八"后冯庸大学遣往关内）、中国大学、女子文理学院以及民国大学的讲师和教授。但我在北大任教九年，为时最长，职称却永远是助教。

一九三七年，抗日战争爆发了，北大南下，马裕藻、沈兼士都没有走，我也留在北京。我受太炎先生、季刚先生强烈的爱国思想影响和许多共产党人抗战到底思想的教育，坚决不愿在日本人接管的学校教书，便只在进步势力很强的中国大学和德国天主教办的辅仁大学任教。吴检斋先生去世后，我把他在中国大学担任的课都接过来，除"三礼"外，我都讲，每周十二节课。当时在中国大学任教的还有郭绍虞、张弓、俞平伯等教授。

中国大学因为由吴检斋先生主持工作，所以进步势力很强。我在原有的思想基础上，很快和地下党的许多同志建立了深厚的友谊。我的教师吴检斋、同事齐燕铭、辅仁大学学生周奎正以及城工部的魏焉同志等，都对我有过重要的思想影响。一九四六年后，国民党反动派加紧镇压进步势力，为了抵制特务对学校的控制，地下党组织让我出任中国大学训导长；但是到了这年暑假，国民党市党部和三青团对我怀疑起来，终于免了我的职。这期间，我的几个儿女都参加了共产党，有的跑到了解放区，我的家也成了北京地下党联络的地方。在这种尖锐斗争的环境中，我仍坚持治学，除了担任教课外，还写成了《音韵学概论》的讲义。一九四七年起，我便在北京师范大学专任教授。一九四八年北京解放前夕，我在地下党崔月犁同志的筹划下，准备到石家庄去参加迎接解放的华北人民代表大会，我知道同时去的还有吴晗同志。但走到半路，一个中国大学的特务学生认出了我，结果，一再绕道，也未能通过，只好回到了北京。这时，解放的炮声隆隆，新中国由此诞生了。

解放后，经过院系调整，我仍在北京师范大学任教。那时，文字学、音韵学、训诂学都已经取消，我未能发挥自己的专长，只能教现代汉语。五十年代，和俞敏一起研究北京口语，写了《现代汉语语法》。俞敏是我留在语言学界最老的学生，在北京口语的研究上很有独到见解，那本书，也主要是他写的。我一直想在新中国发挥自己的专长，但那些年，除了六十年代初吴晗同志的邀请，参加了他主编的语文小丛书的编委，并写了《训诂浅谈》这部小书外，关于传统语言文字学，几乎没有作些什么。

五十年代我带过两届研究生，专业都是现代汉语，直到一九五六年，高校才设古代汉语课，我开始在北师大中文系讲授《说文解字通论》，这部讲稿几经整理，一直没有机会出版。一九六一年，我开始带第一届古代汉语研究生，这在我的教学生涯中应当算一件大事。那时我身体强健、记忆力尤佳、思路敏捷，亲自教授以《说文解字》为中心的文字学、音韵学、训诂学、《毛诗》选、《左传》选、《论语》《孟子》选、汉魏六朝诗选、唐宋诗词选……我每周给十位研究生上两次课，还给个别学生亲自辅导。我得以把季刚先生当初教我学习《说文》和古韵的方法传授给他们，他们之中，确有几位是认真照我的指导作了的。我又邀请俞敏教授给他们系统讲授了《马氏文通》、肖璋教授给他们讲了《毛诗》训诂、刘盼遂教授给他们讲了"古代文献学"……现在，我的这届研究生大都在各地从事古代汉语的教学工作，为继承我国丰富的传统语言文字学作出贡献。给他们上课，又充实了我打算写的《说文解字通论》的内容。十年浩劫前后，我又带过两届研究生，一届因临近一九六六年，等于中途搁浅了；另一届与第一届距离近二十年，我的精力已大不如前，工作中心也有了转移，指导上不能再像一九六一年那届一样细致了。

我在著述问题上，一直受着季刚先生的影响，季刚先生生前常对我们说，他在五十岁以前要认真积累资料，五十岁以后才写书。不幸的是他在四十九岁便与世长辞，留下了大量的札记、批注和短文。他去世后，我感到深切的哀痛，作为理解和崇拜他的学生，我知道，如果不是爱国伤时的慨叹和各种压抑的痛苦以及那种不规律的生活使他这样早就离开人间，他确是一位能够产生巨著的大师。尽管如此，我始终认为，他对传统语言文字学的研究方法以及材料不充实不要写书的主张，是非常正确的。传统语言文字学以古代文献语言为研究材料，没有大量的材料积累，不从具体的文献语言出发或者对语言材料缺乏一定量的分析，只凭几个例子，其实心中无"数"，是很难总结出正确的规律来的。我目睹季刚先生的渊博和敏锐，自叹相去极远，所以五十岁前，迟迟不愿提笔著述。一九五五年是我五十岁的界限，但那时正在大批考据学，我还在教现代汉语，于是，我把自己著述的时间向后推了整整十年。没有想到，这十年其实就是二十年。从一九六五年开始，我正准备写几部书的时候，十年浩劫到来了。

史无前例的浩劫把我的著述计划冲得一干二净。等"造反"、"打倒"的口号声停息以后，我的记忆简直成了空白。过

去,我要在《说文解字》里查找材料,总是信口报出哪一卷哪
个部,尽学生去翻,可在前些年,我已经忘到很多字要通过索
引去找了。光是恢复这点记忆,就用了大半年的时间。

　　一九七七年以来,老朋友们每每谈起,都感慨年逾古稀,
时光飞逝,也都打算坐下来写点东西了。我的老同事吴晓
铃、白寿彝都勉励我及早动手,但我惊魂未定,心有余悸,一
直很迟疑。这种情况下,有三位同志促使了我决心行动。一
位是老师大的书记马建民同志,其时他已调到社会科学院。
一九七七年春天,他遇到我,询问我的情况,并且对我说:"您
该尽快写书了。及早物色人协助,赶快动手吧!"不久,他便
请我到社科院去讲课,课后又一再勉励我抓紧时间。如果不
是他的一再敦促,我是不会那么快就投入著述的。另一位是
北京市委老统战部长、市政协副主席高戈同志,他对我的关
怀是非常实际的。我的助手的调入、书的出版、生活的安排,
他都给了我切切实实的帮助。没有他的那些有力的支持,以
我二十年的耽延,其时已年过七十,何能再有创造! 还有一
位是原师大党委书记聂菊荪同志,他可以算作我在中国大学
的学生。他在师大工作期间,一直关心着我的教学和科研,
时常来探问我。他们的关怀实际上也就是党对我的关怀。
除了这些领导和这些老友对我的关怀和支持外,在我的晚
年,我的学生张之强、许嘉璐、钱超尘、王宁、谢栋元等,也都
对我有很大的帮助。他们不但协助我进行了几部书的整理
和写作,而且对我近年来的学术思想的更新和进步,也有不
少启发。在全国训诂学会的组织工作、研究生培养工作以及

各种教学、科研、生活安排方面,他们都是我很好的助手。现在,他们也都是具有高级职称的教学科研骨干了。在上述这些人的鼓励、关怀和具体帮助下,我从一九七七年起,进入了专门的著述阶段。

我早期的专业学习涉及古代文学、经学和"小学"(即以古代文献的书面语言为主要材料的文字、声韵、训诂学,我把它称作传统语言文字学),而我跟从季刚先生学习的则主要是"小学","小学"在今天属语言文字学范畴,用六十年代的话说,是一门工具科学。我在近年来试着对自己的学术研究作一点不成熟的总结,我以为,自己的研究状况可以归纳为以下五点:

(一)中国"小学"的重要传统是"为实",也就是严格地从文献语言材料出发,不事空谈,不作空泛的推论。因此,我把自己的研究工作的基点,放在对古代文献语言材料的解读、辨认、分析和归纳上,也就是说,我所提出的课题来自文献语言,得出结论所需的证据也采取于文献语言。

(二)传统语言学分成音韵、文字、训诂三个部门,我的学习和研究是从音韵学起步,以文字学为桥梁,在训诂学上落脚。也就是以文献词义作为主要的探讨对象。这是因为,从文献阅读的实用目的来说,意义是它探讨的终点;从发展语言科学理论的目的来说,中国语言学最薄弱的环节是语义学。

(三)我对训诂学的研究,是以《说文解字》为中心的。《说文解字》贮存了系统的文献词义,并且在汉字一形多用、数形互用的纷繁情况下牢牢地抓住了本字,又在一词多义、义随字移的复杂关系中牢牢地抓住了本义,为通过字形与词音探讨词义提供了最重要的依据。加之自汉代以来将近两千年的研究,特别是经过清代乾嘉学者的大力发展,《说文》之学是"小学"中成果极丰极嘉的一个部门,我的老师黄季刚先生又特别精于此学,因此,我多年的研究都是把《说文解字》作为中心的。

(四)我主张批判地继承古代文献语言学的材料、理论和方法,从中发展适合汉语情况的语言科学。当代语言学以引进为主,传统语言学只被看作历史,很多人以为不再有发展的必要和可能了。我认为,要研究汉语的现在,首先要研究它的过去;要研究古代的汉语,必须同时研究汉字。汉语的特点加上记录它的汉字的特点,都决定了汉语的研究必须吸取传统的文献语言学的材料、理论和方法。借鉴国外语言学的研究成果是非常必要的,但这种借鉴不是搬用,而要在考虑到汉语和汉字本身的特点和规律的情况下进行,要把是否适合汉语的实际情况作为标准来加以取舍。重要的是把传统的汉语言文字学发展为更先进的语言科学,以丰富世界语言科学的宝库;而不是切断历史、抛弃和排斥传统的东西而沿着从别种语言中总结出的规律来为汉语的研究另辟徯径。

(五)研究语言的目的,是为了正确解释语言现象和解决语言运用中的诸多问题。我们研究古汉语的人,目的是为了解决古代书面汉语也就是文献语言中的实际问题。在振兴民族文化的今天,这种研究不应当只进入科学家的殿堂,而应当同时面向社会,注重普及,强调应用。音韵、文字、训诂之学由于材料较古、方法与理论比较陈旧，因而不易普及，所以，我以为要注意提出群众所关心的问题，写一些应用的文章，这些文章讲解要深入浅出，还需要运用现代人可以接受的语言，从道理上把许多现象说清楚，便于大家应用。

以上这五点：从文献语言材料出发；以探讨词义为落脚点；以《说文解字》为中心；重视继承，建立适合汉语特点的汉语语言学；面向现代社会，重视普及和应用。这便是我研究文献语言学的指导思想。

在这种思想指导下，我写出了《说文解字通论》、《训诂简论》，以后又与王宁合写了《训诂方法论》和《古汉语词义答问》。我在八十年代发表的一些文章，也是以总结文献语言的规律、探讨古代汉语科学的原理和方法、宣传传统语言文字学的普及和应用为主要宗旨的。

现在，我正在同一思想指导下，进行汉语同源字的研究，我已为季刚先生的"《说文》同文"作出了考证，还准备以批判继承的精神对第一部系统研究《说文》同源字的专著——章太炎先生的《文始》进行评注；并且将与我的学生一起，继续《说文解字通论》写一部以探讨文献词义为中心的《说文解字研究》。我对硕士研究生和博士研究生的教学，也将以此为中心来进行。而在完成这些工作的过程中，我还有很多新的东西要学习呢！

回想我八十年的生涯，中心是三件事——学、教、研，三者互相促进，实际上很难分开，但从工作内容的侧重看，大约可分三个阶段：一九二八年以前以学为主，一九二八年至一九六五年以教为主,一九七六年以后以研为主。我这个在社会科学教育战线上干了一辈子的人,这种学、教、研的生涯,既无轰轰烈烈的业迹,也无惊险离奇的遭遇,更无莫名神秘的逸闻,不过是平平常常、合乎一般规律吧! 尽管留下的时间已不算长,但我对完成我的学习、教学和研究计划,还是很有信心的。我将力求用今后的有限时间加紧工作,弥补过去几十年因客观的干扰和主观的疏懒而造成的损失,为祖国的昌盛,献出余年。

(《文献》一九八六年第三期)